〈民

所有権・相続のルール大改正

――改正民法・不動産登記法などを，
基礎から分かりやすく解説――

弁護士　児玉 隆晴 著

信 山 社

はしがき

昨年4月に，民法の所有権ルールが約120年ぶりに改正されました。

この改正は，主として「所有者の所在などが不明な土地」（所有者不明土地）の問題に対処するものですが，これを契機に所有権ルール全体が大幅に見直されました。所有権は財産権の中で最も重要な権利ですので，この改正は市民や企業の財産管理・処分や取得に大きな影響を与えます。

また，民法の相続ルールは，すでに2018年に配偶者保護や遺留分の合理化などの見地から多くの改正がされ，さらに今回，所有者不明土地の解消に向けて重要な改正がされました。これら一連の改正により，相続ルールも大幅に変更されており，相続のあり方や事業承継に大きな影響が生じます（事業承継については第8章で解説）。さらに，不動産登記ルールについても，相続登記の義務化などの重大な改正がされました。

ところで，私は，2017年の契約ルール（債権法）改正と同様に，今回の改正においても，「一般の市民・企業のための改正」の実現を図るため，同志の皆様とともに多くの意見発信をしました。法律改正においても，「最大多数の最大幸福」を目指す必要があるからです。

たとえば，「登記簿を見ただけでは所有者（相続人）が分からない土地」（登記簿上の所有者不明土地）が大量に発生していることから，今回の改正において，これを防止するために相続登記を義務化し，かつ，この義務の違反者に過料という制裁を課すことが提案されました。しかし，登記簿上の所有者不明土地が生じたのは，市民の側だけでなく，国の側の対策不足にも原因がありました。そこで，私どもは，市民に制裁を課すことよりも，むしろ相続登記のメリットを市民に与えることによってこの登記を促進すべきであると主張しました。結果としては，登記義務の履行を確保するため過料の制裁自体は規定されましたが，その代りに市民の負担を軽減する多くの方策が盛り込まれました。さらに市民にメリットを与える方向での配慮もされました（第4章で述べます。ただし，今後拡充する必要があります）。それ以外にも，私どもの意見が改正内容に影響を与えた部分が少なからずあると思います。

そこで，私は，市民・企業に役立つ部分を中心に，所有権・相続や不動産登記などの新ルールの要点を基礎から分かりやすく解説したいと考え，本書を発刊した次第です。以下においては，多くの身近な例を挙げ，必要に応じて図で示すなどして，具体的に説明しております。

また，改正民法等を初めて学ぶ実務家・行政マンや学生の皆様のために，今回の改正理由などを，立法資料や文献・判例等も交えてコンパクトに解説しています。

本書が，皆様の生活や企業活動あるいは改正民法等のご理解に役立つことを祈念致します。

末筆になりますが，本書の出版については，信山社の袖山貴様と稲葉文子様に大変お世話になりました。この場を借りて厚くお礼申し上げます。

2022年3月

弁護士　**児玉 隆晴**

目　次

〈本書の読み方〉

1　改正法の全体像を素早くつかんでいただくためには，まずは，(注)で記載したやや専門的な部分を除いて読んでいただき，一通りお読みになった最後に(注)を読んでいただいて結構です。

2　条文についての略称（お目通しください)。

(1)　民法について

「新民法」＝2018年及び2021年に改正された民法

「旧民法」＝改正前の民法（2018年相続法改正については，その改正前のもの)

「民法」＝改正されなかった民法

※ 2018年と2021年の改正が混在している条文が若干ありますが，これについては解説及び巻末の条文を参照して下さい。

(2)　不動産登記法について

「新登記法」＝2021年に改正された不動産登記法

「旧登記法」＝改正前の不動産登記法

「登記法」＝改正されなかった不動産登記法

(3)　非訟事件手続法について

「新非訟手続法」＝2021年に改正された非訟事件手続法

「旧非訟手続法」＝改正前の非訟事件手続法

「非訟手続法」＝改正されなかった非訟事件手続法

(4)　家事事件手続法

「新家事手続法」＝2018年及び2021年に改正された家事事件手続法

「旧家事手続法」＝改正前の家事事件手続法（2018年改正については，その改正前のもの)

「家事手続法」＝改正されなかった家事事件手続法

※ 2018年と2021年の改正が混在している条文が若干ありますが，これについては解説及び巻末の条文を参照して下さい。

(5)「相続土地国庫帰属法」＝2021年に新設された「相続等により取得した土地所有権の国庫への帰属に関する法律」

(6)「遺言書保管法」＝2018年に新設された「法務局における遺言書の保管等に関する法律」

3　法務省（立案担当者）作成による立法資料・文献とそれらの略称

(1)「部会資料」＝法制審議会　民法・不動産登記法（所有者不明土地関係）部会資料

なお，この資料の内容は，法務省の web サイトでご覧いただけます。

(2)「補足説明」＝法制審議会　民法・不動産登記法（所有者不明土地関係）等の改正に関する中間試案の補足説明

なお，この資料は，法務省の web サイトで内容をご覧いただけます。

(3)「Q＆A 改正民法」＝松村秀樹・大谷太「令和 3 年 改正民法・改正不登法・相続土地国庫帰属法」2022 年ぎょうせい

(4)「一問一答」＝堂園幹一郎・野口宣大「一問一答　新しい相続法」2019 年商事法務

4　参考文献（2018 年及び 2021 年新民法等についての主な解説書）

(1)　池田真朗「民法への招待（第 6 版）」2020 年税務経理協会

(2)　佐久間毅「民法の基礎 2（第 2 版）」2020 年有斐閣

(3)　我妻榮・有泉亨・遠藤浩・川井健・野村豊弘「民法 3　親族法・相続法」2020 年勁草書房

(4)　山野目彰夫「土地法制の改革・土地の利用・管理・放棄」2022 年有斐閣

(5)　山野目彰夫「不動産登記法入門（第 3 版）」2022 年日経 BP

(6)　松尾弘「所有者不明土地の発生予防・利用管理・解消促進からみる改正民法・不動産登記法」2021 年ぎょうせい

(7)　日本弁護士連合会編「新しい土地法制の解説」2021 年有斐閣

(8)　日本弁護士連合会編「Q&A　改正相続法のポイント」2019年新日本法規

(9)　中込一洋「実務解説　改正相続法」2019 年弘文堂

(10)　荒井達也「Q&A　令和 3 年民法・不動産登記法」2021 年日本加除出版

〈民 法〉
所有権・相続のルール大改正

第１章 民法（所有権ルール）の基本について

1　所有権の意味やあり方はどうか？

民法の所有権ルールが，2021 年 4 月に改正されました。

すなわち，民法が定める権利の代表的なものに，「物に対する支配権」である物権と，「人に対する行為の請求権」である債権がありますが，所有権は，物権の一種です。

そして，所有権は，物に対する「全面的」な支配権であり，物の使用・収益・処分という全てのことができる権利です（民法 206 条）。

たとえば，Ａが土地の所有権を有している場合は，その上に自宅建物を建てるなどして独占的に土地を使用できます。また，Ａは，土地を第三者Ｂに駐車場として賃貸して収益を挙げることができます。さらに，Ａは，この土地を第三者Ｃに売却して対価を得ることもできます。

これに対し，物権のうち地上権や永小作権は，土地の使用・収益を目的とした権利（以下「用益物権」という）であって，土地全体の処分を行う権限は有していません。

また，物権のうち担保物権は「目的物の交換価値（売買代金額など）を把握する権利」であり，たとえば抵当権では，債務者が返済を怠ったときに目的物を強制的に売却（競売）し，その代金から優先的に弁済を受けることができる権利です。したがって，担保物権は目的物を使用・収益する権限を有しません。

なお，所有権は，長期間に渡り権利を行使しなかったからといって消滅時効（民 166 条 1 項）によって権利が消滅することはありません。これに対し，用益物権や担保物権は，20 年間権利を行使しなかったときは時効によって権利が消滅します（同条 2 項）。

さて，所有権は，かつては絶対的な権利であるとされていました。たとえば，フランス人権宣言では所有権は「神聖不可侵」とされ，王政に対抗した市民階級の経済活動を支える重要な権利とされました。つまり，市民が，君主ないしそれに従う行政組織の干渉を受けることなく，土地などの財産を自由に使用・

収益・処分できることが重要とされたのです。日本国憲法 29 条１項も「財産権は，これを侵してはならない」と規定し，その「精神」を受け継いでいます[(1)]。

しかし，現代社会では，所有権を絶対的な権利とすることによる様々な問題が生じ，多くの制約が課されるようになりました。有名なドイツのワイマール憲法は「所有権は義務を伴う」（153 条３項）と規定し，日本国憲法も，「財産権の内容は，公共の福祉に適合するやうに，法律でこれを定める」（29 条２項）としています。つまり，所有権を含む財産権について法律による合理的な範囲での規制を認めており，所有権はもはや絶対的な権利とは言えません。

実際にも，現在の日本では，土地・建物に関する規制法だけでも，都市計画法，土地区画整理法，建築基準法，農地法，森林法など多くの法律が設けられています。

ただし，注意しなければならないのは，明治以降の日本の社会の特殊性です。すなわち，明治政府は，欧米諸国に早期に追いつくために，国家政策として経済発展や大都市の建設などに重点的に取り組みました。殖産興業，富国強兵や帝都建設などの政策目標ないしスローガンが，これを物語っています。そのため，不動産については，土地開発（建築等の目的で土地の形質を変えること）及び建築の自由が重視されてきました。

そして，この考え方は，第二次世界大戦後も基本的には維持されてきたと言えます。なぜなら，戦争によって荒廃した国土の回復や経済復興のためには，土地の開発や建築の自由を重視する必要があったからです。

したがって，上記で挙げた土地・建物に関する現行の規制法においても，基本的には「土地開発及び建築の自由の実現」が最も重視されています。

たとえば，Ａ社が大規模ビルを建築するために，Ｂ市の建築確認を担当する職員（建築主事）に対し，このビルの建築確認の申請をし，この申請が受理された場合を考えます（図１）。建築主事は，このビル建築によってＣ始め多数の住民の日照権（憲法 12 条などが根拠）を侵害するおそれがあることを知って

---

(1)　日本国憲法 29 条の条文は，次のとおりです。

　1　財産権は，これを侵してはならない。

　2　財産権の内容は，公共の福祉に適合するやうに，法律でこれを定める。

　3　私有財産は，正当な補償の下に，これを公共のために用ひることができる。

　なお，明治憲法においては，私人の財産を「公共のために用いる」（公用収用など）場合に補償がされる旨は規定されていませんでした。

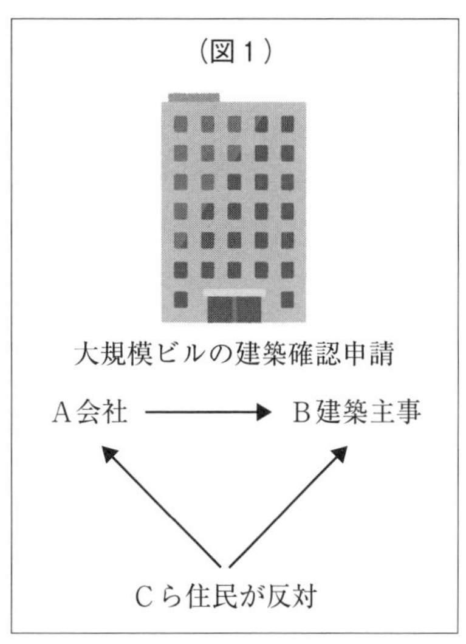

いても，この建物の規模・構造などが建築基準等に適合している限りは，一定期間内に建築確認をしなければなりません（建築基準法6条4項，判例は[(2)]参照)。

もちろん，建築基準法にも，日照に配慮した日影規制などの建築制限が定められていますが，これは，日照権を直接に保護するものではありません。すなわち，日影規制に合致していても，住民の日照権侵害が裁判において認められる例が散見されます。

このことから，建築基準法においては，基本的には，建築の自由が居住環境についての住民の利益よりも重視されていることがうかがわれます。

その他の土地利用に関する規制法も，少なくとも市街化区域内の土地については，基本的には土地開発の自由を重視しています[(3)]。

この「土地開発及び建築の自由を，居住環境の保全の利益よりも重視する」という考え方は，復興期はともかく現代日本においては，見直される必要があります。なぜなら，現代では，日本の総人口及び世帯数が減少して土地・建物

---

(2) 最判昭和60年7月16日民集第39巻5号989頁。

(3) この問題は，行政裁量のみならず地方分権にもかかわります。

すなわち，かつて明治政府は，上記の国家政策を全国において推し進めるために，中央政府が地方を治める中央集権体制を取っていました。たとえば，明治時代には府知事や県令（現在の県知事）を中央政府が任命していました。

この中央集権体制は，地方自治を尊重する現行憲法92条により，法的には否定されましたが，戦後の経済復興のために中央政府が地方を指導する必要があるとして中央集権的な考え方が温存されてきたと思われます。

そのため，地方公共団体においては，住民の居住環境の保全のために独自の規制をすることが難しい状況です。

この点，憲法92条の「地方自治の本旨」を実現するためには，地方公共団体に対し，まちづくりのための実質的な権限及び財源を認めるべきものと思われます。

なお，一部の法律では，地方公共団体の独自の規制権限を認めているものがありますが，私の見るところでは例外的です。詳しくは，紙面の制約上，別の機会に述べたいと思います。

への需要が減退することが十分に予想され，住宅の数量の拡大よりも，生活の質の維持・向上の方がむしろ重視されるからです。

この点，2020 年 3 月に土地基本法が改正され，第 1 条（目的）において，「地域の良好な環境の確保…に資する適正な土地の利用及び管理」を推進して，「安全で持続可能な社会の形成」を図るという文言が加えられました。この文言の背景には，2015 年 9 月に国際連合サミット会議で採択された SDGs (Sustainable Development Goals)[(4)]があると思われます。すなわち，この「S」は持続可能性を意味し，「D」のディベロップメント（開発）が持続的に行われるよう環境保全とのバランスを求めています。日本においても，2016 年に総理大臣を本部長とする「SDGs 推進本部」が設置され，国外・国内を問わずこれへの積極的な取り組みがされています。

そして，現代の日本において持続可能な社会を実現するためには，土地所有権についても，常に開発や建築の自由を優先させるのではなく，地域の居住環境の保全とのバランスを図る方向での規制をするのが妥当と考えます。

なお，土地基本法 6 条も改正され，初めて土地所有者の「責務」が明示され，「持続可能な社会の実現」も含めた基本理念にのっとり，「土地の利用及び管理……を行う責務を有する」と規定されました。

このような，地域の良好な環境の確保や持続可能な社会の実現を図るために，所有権について合理的な規制をすることは，もちろん日本国憲法 29 条に合致します[(5)]。

2　所有者不明土地問題とは何か？

さて，近時，「不動産の登記簿を見ても，現在の所有者の氏名や所在が分か

(4)　SDGs においては，主として社会・経済・環境の分野において持続可能な開発のための 17 の目標が掲げられており，各国にこれを実現するための対策を取ることを求めています（詳しくは，国際連合広報センターの web サイト参照）。

(5)　なお，土地基本法 2 条は「土地についての公共の福祉優先」という規律を設けています。これは，一見すると憲法 29 条 2 項の財産権の内容は「公共の福祉に適合する」ように法律で定めるという文言と合致しません。しかし，この土地基本法 2 条は，バブル期の土地投機等に基づく異常な地価高騰に対拠するために設けられたものであるところ，その要請は現代においても変らず重要です。また，憲法 29 条 2 項の趣旨にも反しないと思われます。

らない土地」が増大しています。本書では，このような土地を，「登記簿からは分からない」という意味で「登記簿上の所有者不明土地」と呼びます（一般には，「広い意味での所有者不明土地」（補足説明162頁参照）と呼ばれています）。

この登記簿上の所有者不明土地の問題は，2011年に発生した東日本大震災においてクローズアップされました。すなわち，大規模な地震・津波等の被災者が，住居などを集団で高台に移転しようとしたところ，移転先の土地の多くが登記簿上の所有者不明土地であることが分かりました。そのため，その土地の現在の所有者名やその所在の調査に膨大な時間と労力がかかり，生活等の再建について支障が生じました。こうして，登記簿から現在の所有者や所在が分かるようにする必要があることが痛感されたのです。

また，近時，異常な集中豪雨や大型台風等により，全国各地で土砂崩れや河川の氾濫が生じています。そのため，地域によっては集落の集団移転が計画され，その候補地として高台の遊休地が検討されています。

さらに，大量の土砂が流入した市街地の早期復興のためには，まずは，その土砂を保管する仮置き場を確保する必要がありますが，その候補として山間部の遊休地が検討対象として挙げられています（ただし第2章3(1)で述べるとおり，土砂の埋立等は適正に行われる必要があります）。これらの高台や山間部の遊休地も，登記簿上の所有者不明土地の可能性があり，その場合には速やかな取得・利用ができないという問題が生じます。

すなわち，土地というものは，たとえ現時点では利用価値が乏しくても，何らかの理由で早急に利用・処分をすることが必要となることがあり，それらが速やかに行われるよう，登記簿において現在の権利者や，その所在が分かるようにしておく必要があるのです。

このような土地がどれくらいあるかについて国が調査したところ，国土全体の22％余りの面積（九州の面積を上回る）の土地が登記簿上の所有者不明であることが分かりました（補足説明162頁）。

そして，この土地のうち約66％が，相続発生を原因とするものとされています（同書同頁）。すなわち，土地について明治や大正など古い時代に相続が発生したところ，遺産分割がされないまま放置され，その後にその相続人が死亡してさらに相続が発生し，これが繰り返されて相続人が多数となるケースが散見されます。このような場合，登記簿には最初の被相続人（「相続される人」のことをいう）の名前と住所が記載されているのみであり，これを見ただけでは現在の所有者（相続人）が誰かやその住所が分かりません。その結果，相続発生をきっかけに登記簿上の所有者不明土地が多数生じているのです。

そして，高齢化社会の到来により，今後大量に相続が発生するとされていますので，登記簿上の所有者不明土地はさらに増大するおそれがあります。

また，登記簿上の所有者不明土地のうち約34％が，登記名義人の住所等の変更登記がされていないことによるとされています（補足説明同頁)。すなわち，不動産所有者が住所を移転したにもかかわらず，その変更登記をしておらず，そのために所有者と連絡が取れない状態が生じているのです。

そこで，登記簿上の所有者不明土地の発生を防止する見地から，「相続登記及び住所等の変更登記の促進」が重要な課題となりました。そして，今回の改正においては，その課題の解決のための合理的な規制とは何かが検討されたのです。

３　登記簿上の所有者不明土地の発生を防止するには？

すなわち，まず，登記簿上の所有者不明土地の発生を防止するために，相続による不動産所有権の移転について，その登記をすべき義務を法律に規定するか否かが議論されました。

この点，従来は，相続登記は相続人の「権利」を公示するものであって，その登記をすべき義務はないとされていました。

しかし，不動産登記は，不動産の権利関係の「公示」の制度であり，この公示に対する市民の信頼を守る必要があります。そうすると，相続による権利移転が生じた場合は，基本的には登記義務を課すのが妥当であり，義務化自体は賛成できます。

そこで，新登記法は，相続人に相続登記の義務を課しました（76条の2)。のみならず，相続登記義務に違反した場合は，相続人に過料の制裁が課されることになりました（同法164条1項)。

しかし，義務のみならず制裁も課されることにより，一方的に市民の負担が増大します。そこで，私どもは，制裁ではなく相続登記についてのインセンティブを与える方策を設けるべきであると主張しました。

そして，議論の結果，新法において市民の負担の軽減策が相当程度に設けられました。また，登記のインセンティブについては，現行の登録免許税の免除措置を一定の範囲で拡大することとなりました。ただし，まだまだ不十分であり，さらに拡大すべきです。詳しくは，第4章で述べます。

次に，所有者の住所や氏名の変更についても，一定の要件のもとに登記を義務づけるかが議論されました。上記のとおり，住所等の変更登記がされていないことも，所有者不明土地の大きな原因とされているからです。

この点についても，議論の結果，新登記法において住所・氏名等の変更登記が義務化され（同法76条の5），正当な理由がなくこれに違反した者に過料が課されることになりました（同法164条2項）。これも市民の負担増大につながりますので，私どもは，その負担を軽減すべきであると主張しました。これを受けて，最終的には，市民の負担の軽減策が相当程度に設けられました。詳しくは，第4章で述べます。

なお，「相続等によって取得した土地を手放す」制度を設けることも，議論されました。なぜなら，とりわけ相続で取得した遠隔地の土地については，所有者が何ら関心を持たず管理がされないまま放置されるおそれが高く，それが登記簿上の所有者不明土地に変ってしまうおそれがあるからです。これに関し，当初は，民法に「土地所有権の放棄」の制度を設けるべきかが議論されました。しかし，放棄の制度では，国の財政負担が著しく大きくなる等のことから，最終的には，「相続等により取得した土地所有権の国庫への帰属に関する法律」（以下「相続土地国庫帰属法」という）が設けられました。詳しくは，第5章で述べます。

4　民法上の所有者不明土地とは何か？

さて，登記簿上の所有者不明土地であっても，弁護士などの専門家が戸籍や住民票などを調べれば，一定程度の時間はかかるものの，所有者の氏名や住所を明らかにできる場合が多いと言えます。

しかし，そのような調査をしても，所有者（相続人含む）が判明しない場合もあります。たとえば，古い戸籍の記録は手書きであり，その判読ができなかったり，記載に誤りがあることがあります。また，戸籍記録が戦争や災害で消失していることもあります。そのため，必要な調査を尽くしても所有者（相続人）の氏名や住所を確定できないケースが生じています。

さらに，所有者の氏名や住民票上の住所が判明したが，その者が外国に移住するなどして連絡が取れなかったり，国内にいると思われるが行方不明となったりするケースも散見されます。

このようなことから，登記簿上の所有者不明土地であるだけでなく，「必要な調査を尽くしても，所有者の所在などを知ることができない土地」（狭まい意味での所有者不明土地）が生じています。新民法は，このような土地を所有者不明土地として捉え，色々な規定を設けました（264条の２参照。補足説明50頁）。

そこで，本書においては，登記簿上の所有者不明土地のうち「必要な調査を尽くしても，所有者の所在などを知ることができない土地」を単に「所有者不明土地」と定義して解説します。

ところで，従来は，所有者の所在が分からない場合のうち「不在者」すなわち「従来の住所又は居所を去って，容易に帰ってくる見込みがない者」に該当するときに，裁判所に対し，不在者財産管理人の選任が申し立てられていました。そして，選任された管理人により，不在者の財産の管理・処分がされました（民法25条）。

また，所有者が死亡したところ，相続人のあることが明らかでない場合は，相続財産管理人が選任され，その管理人により被相続人の財産が管理・処分されていました（旧民法952条）。

ところが，これらの管理人は，不在者や被相続人の「全財産」を管理する者であることから，その選任にはコストがかかりました。すなわち，これらの申立の際には，「管理人において将来かかるであろう管理費用額」を，金銭であらかじめ裁判所に納めなければなりません。この金銭を「予納金」といいますが，その土地の管理費用だけではなく，不在者や被相続人の「全財産を管理するための費用」をも予納しなければならず，予納金額が高くなる傾向がありました。ちなみに，東京家庭裁判所では，不在者財産管理人の場合の予納金額は原則として30万円から50万円，相続財産管理人の場合は原則として100万円とされています。

これらの管理人の選任のコストがかかるため，不在者や被相続人名義の土地については，手つかずの状態となって価値が乏しくなっている例が散見されます。このような土地は，地方のみならず大都市圏でも増えてきており，これへの対策を取ることが重要な課題となりました。

そこで，まず，2018年に「所有者不明土地の利用の円滑化等に関する特別措置法」が制定されました（以下「所有者不明土地特措法」という）。これは，主として地域住民の福利の実現のために，最大10年間（ただし，延長可能）は，所有者不明土地に使用権の設定ができるとするものです。しかし，この目的実現のためでなければ土地に施設等を設置することができないので，とりわけ民間事業者にとっては利用しにくい制度でした。詳しくは第6章で述べます。

そのため，抜本的な対策を講じる必要が生じ，上記の土地基本法の改正がされ，これをもとに2021年4月に民法が改正されました。

この新民法においては，所有権と相続のルールの大幅な見直しがされています。すなわち，所有者不明土地・建物やその上にある動産について，所有権保護との調整を図りつつ，管理・処分が円滑にできる方向での規定が設けられました。また，土地・建物についての共有持分権（性質は所有権）について，持分権保護との調整を図りつつ，所在などが不明な共有者の持分権を一方的に取得・譲渡できるとする規定も設けられました。これについては，第2章で述べます。

なお，登記簿の表題部に，たとえば「所有者　A外（ほか）2名」などの記載があり，「ほか2名」の氏名・住所が表示されていないなどの土地もあります。これについても，所有者不明土地の一種として，2019年に「表題部所有者不明土地の登記及び管理の適正化に関する法律」（以下「表題部所有者不明土地法」という）が設けられました。これについても第6章で述べます。

第２章

所有権ルール改正のポイント

1　改正の基本的な方向性は何か？

上記のとおり，所有権ルールの改正は，主として所有者不明土地・建物の解消を目的とするものであり，それ自体は大変有意義です。

しかし，そもそも所在などが本当に不明であるか否かが問題となります。たとえば，長期の海外出張・勤務などのために連絡が取れない場合は，所有者の所在が不明とは言えません。したがって，所在などが不明か否かの判断を，誰が，どう行うかが重要となります。

また，所在などが不明な所有者の中には，たとえば，債務について違法な取立を受けるおそれがあることから一時的に所在が不明となっている者もいます。そうすると，そのような者の中には，後になって従来の住所地などに戻ってくる者（以下「帰来者」という）もいます。そこで，所在不明者であると認定された場合であっても，その者が所有する不動産を一方的に処分する場合には，適正な金額で処分し，その代金を供託する（帰来者が供託金の支払いを受けられる）などの経済的な補償をする必要があります。

逆に言うと，このような対策を取った上で，不明者の不動産の利用・処分ができるとする内容の法律であれば，基本的には所有権に対する規制として合理的であり，憲法29条2項に適合すると言えます。

以上を前提に，次の2から5のテーマについて，具体的に改正のポイントを解説します。

2　所有者不明土地・建物の管理人の制度とは何か？

⑴　所有者不明土地の管理人の選任について

㋐　改正の理由は何か？

新民法は，所有者不明土地について，利害関係人の申立により，裁判所がその土地の管理人を選任できるとしました（264条の2第1項）。これは，所有者不明土地の管理・処分を円滑に行うことができるようにするための新たな制度です。

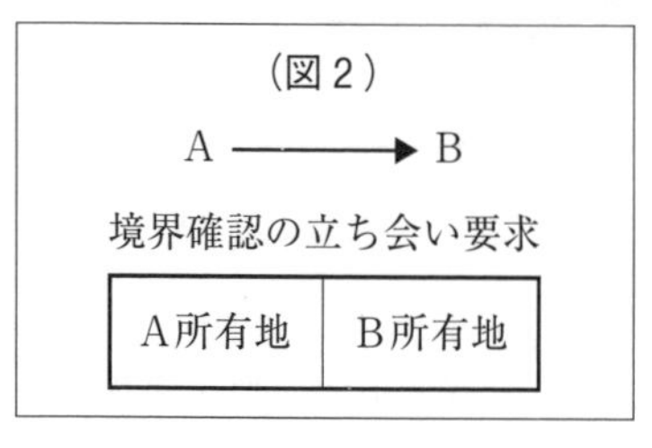

たとえば，Aが，自己所有地と隣接するB所有地との境界を確認する場合には，Bに対し，現地で境界を確認をするために立ち会うよう求めるのが通常です。しかし，Bの所在が不明であるときは，その立ち会いを求めることができず，土地の境界確認が困難となります（図２）。

そこで，このような場合，従来は，不在者財産管理人（民法25条）の選任を裁判所に申し立て，その管理人に境界確認のための立ち会いを求めていました。

しかし，不在者財産管理人の選任は，上記のとおり予納金が高くなる傾向があるため，選任そのものを断念せざるを得ないことがありました。

そこで，新民法は，「全財産」ではなく「問題となった土地のみ」を管理する管理人を選任できることとし，管理人選任のコスト等を大きく削減しました。

また，上記のとおり登記簿の表題部の所有者欄に「A外（ほか）２名」などの記載があり，「外２名」が誰かが分からない土地があります。これについては，不在者財産管理人を選任することはできませんが，新民法の所有者不明土地管理人を選任することはできます。この点でも，新たな管理人制度を設けたメリットがあります。

(イ)　管理人選任の要件は何か？

(i)　土地所有者の所在などが不明であること

新民法は，「所有者を知ることができず，又はその所在を知ることができない」（264条の２第１項）ときに，管理人を選任できるとしました。

この意味は，単に登記簿を見ただけではその所在などが分からないのみならず，必要な調査を尽くしても，その所在などが分からないことを言います。

ここで，「必要な調査を尽くす」とは，何かが問題です。

この点，たとえば，登記簿上の住所地宛てに郵便で通知したが，「あて所に尋ねあたらない」旨の理由で郵便が返送されることがあります。この場合は，登記簿上の住所からは，所有者の所在（現住所）が分からないこととなります。そこで，まずは，弁護士などの専門家が，その者の住民票や戸籍の附票などの公的書類を調査します。これにより，住民票上の住所が移転しているなどして，所有者の所在が分かる場合があります。

しかし，住民票上の住所が変更されていないなど，これらの公的書類によっても所有者の所在が明らかにならないときは，連絡が取れる親族に確認する必要があります。これにより所在が分かる場合もあります。

しかし，その親族が住民票上の住所しか知らない場合は，親族への聞き取り調査によっても所有者の所在が判明しません。そこで，このような場合に，住民票の住所地に赴いて調査する必要があるか否かが問題となります。

これについては，原則として必要ないと解されます。なぜなら，第6章で述べる所有者不明土地特措法においては，このような現地調査までは必要ないとされているからです。

この見解に対しては，民法と特措法の解釈を同じとすべき理由はないとの批判もあろうかと思います。しかし，この特措法は，調査能力の高い行政機関などによる調査についてすら現地調査までは必要ないとしている訳ですから，民法のように私人が調査する場合は，なおさら現地調査までは必要ないとするのが妥当です。

ただし，申立てを受けた裁判所が，必要に応じて職権で調査を行う可能性があり，その結果をもとに現地調査をするよう指示してくることも考えられます。

しかし，その場合も，現地の建物の電気メーターが動いているか（まったく動いていなければ，そこに所在しない可能性が高い）や郵便受けに郵便物が溜まっているか（溜まっていれば，そこに所在しない可能性が高い）などの「現場確認」で足りると解されます。つまり，これらの現場確認によって所在が不明である可能性が高いことが判明すれば，近隣住民などからの聞き取り調査等までは必要ないと考えます（ただし，法務省の立案担当者は「裁判所が事案に応じて適切に判断すべきことになる」としています。部会資料43. 1頁）。

なお，不動産の所有名義人（所有者として登記されている者）が死亡している場合は，その戸籍等を調査して判明した相続人について，その所在が不明であることが必要となります（補足説明48頁）。

また，所有名義人が法人の場合は，法人の商業登記簿上の所在地に本店または主たる事務所がなく，かつ，次の①または②のいずれかに該当することが必要となります。

①　登記簿上及び住民票上の代表者の住所に，代表者が居住していないこと

② 法人の登記簿上の代表者が死亡して存在しないこと
（補足説明同頁）。

そして，この管理人の選任が申し立てられた場合，裁判所はその旨を公告するなどの手続を行い，異議申立てがないか等をチェックします（新非訟手続法90条2項）。これらにより，所有者が不明か否かについて，裁判所が関与して慎重に判断がされるようにしています[(1)]。

なお，管理人が選任された後に，所有者の所在などが判明した場合は，裁判所は管理人選任を取り消すこととなります（同条11項[(2)]）。

(ii) 土地を数人の者が共有している場合は，どうか？

共有者の１人は，他の共有者の所在などが不明な場合に，その持分について所有者不明土地管理人を選任できます（新民法264条の2第1項かっこ書き）。

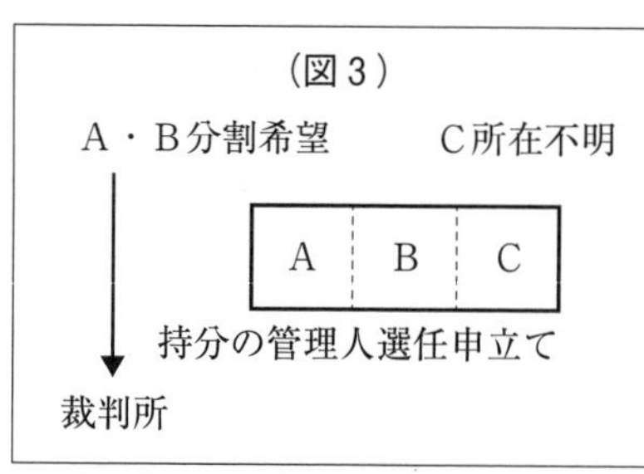

たとえば，Ａ・Ｂ・Ｃの３人が共有する土地について，Ａが共有物の分割の協議をしたい場合に，Ｃの所在が不明なときは，Ａは，Ｃの持分について，所有者不明土地管理人の選任を申し立てることができます（図３）。

この場合，土地の共有者は，後に述べるとおり管理人申立てができる「利害関係人」にあたります。これにより，Ｃ持分の管理人が選任されたときは，Ａは，Ｂ及びＣ管理人との三者協議により共有物分割をすることができます。

---

(1) 所有者不明土地管理人に関する手続き的な事柄は，新非訟手続法90条に定められています。すなわち，裁判所は，①所有者不明土地管理人の選任申立があったこと，②所在などが不明とされる所有者（共有者含む）は，異議があるときは一定の期間（1カ月を下らない）内にその旨の届出をすべきこと，③その届出がないときは当該管理人を選任する旨の命令がされること，を公告しなければなりません。(同条2項)。これにより，所有者の所在を探すとともに，その所有者に異議を述べる機会を与えています。

(2) なお，相続放棄者がその放棄の時に相続財産を「現に占有している」ときは，依然としてその財産を保存する義務を負います（新民法940条）。この場合，相続放棄をしたことにより相続人がいない状態となった場合において放棄者が土地の保管義務を免れるためには，相続財産清算人（新民法952条。なお，旧法の「管理人」の名称が「清算人」に変わりました）または所有者不明土地管理人を選任して，その清算人又は管理人に財産を引き継ぐほかありません。

(iii) 利害関係人による申立て

この管理人の選任を裁判所に申し立てることができるのは，利害関係人です。これが具体的に誰のことを指すのかは，法文（新民法264条の2以下）では明らかにされていませんので，解釈に委ねられます(3)。

たとえば，X所有地の土留めコンクリートが壊れ，その土地の土砂がY所有地に流出してきている場合に，Xの所在が不明であるときは，Yは，X所有地について上記管理人の選任を申立てることができます（図4）。

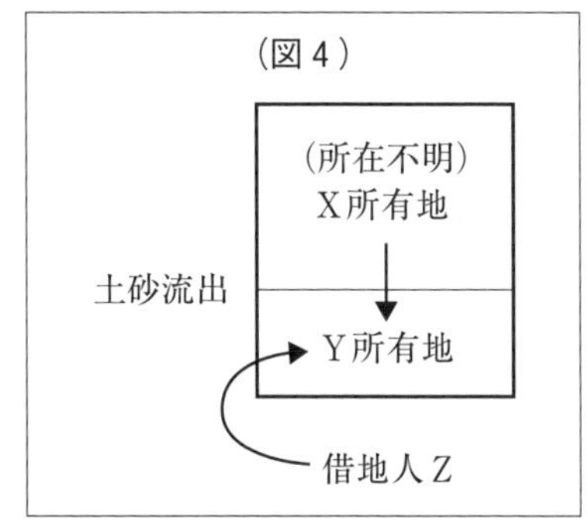

すなわち，その土砂の流出によりYが「損害を受けている」ので，Yは利害関係人に当たります。また，この土砂がY所有地にいまだ流出していないが，その流出のおそれがある場合も，Yが「損害を受けるおそれがある」ので利害関係が認められます。

なお，Yから土地を借りている賃借人Zがいる場合は，Zも，流出した土砂による損害を受け又は受けるおそれがあるときは，利害関係人に当たります。

また，道路や公園など，国や地方公共団体が所有・管理する土地が，このような土砂の流出により損害を受け又は受けるおそれがある場合は，国や地方公共団体も利害関係人に当たります。

さらに，公共事業の目的で，この所有者不明土地（X所有地）を取得したいとする国または地方公共団体も，利害関係人に当たります。

これに対し，私人や民間事業者が，この所有者不明土地を売買等によって取得したい場合に，その者が利害関係人に当るか否かについては，個別事案に応じて裁判所が判断するとされています(4)。

---

(3) 民法を市民に分かりやすくするためには，「利害関係人」について例示するなどして，分かりやすくすべきであったと思います。たとえば，「土地の管理が不十分なことにより損害を受け又は受けるおそれのある者その他の利害関係人」などとすることが考えられます。

(4) 部会資料では，「民間の買受希望者についても一律に排除されるものではない」とされています（同資料43. 3頁）。もっとも，そもそもこのような民間事業者が，不明者の戸籍謄本等を取り付けることができるかも問題となります。これについても戸籍の第三者請求（戸籍法10条の2第1項）をすることは一律には否定されないとされていまこの点，たとえば，ある土地に高い崖があり，その崖の一部崩落により近隣住民に被害が及ぶおそれがある場合に，その土地の所有者が所在不明となっているときは，近隣住民が土地を掘削して土留め工事をするためにその土地を売買で取得したいとすることがあります。その場合は，その近隣住民に，土地管理人の選任についての利害関係が認められると考えます。

ここで，注意しなければならないのは，管理人選任の申立ての際に納めた予納金は返却されないことがある点です。なぜなら，たとえば，上記の例では予納金は管理人による土留め工事などの費用（管理費用）に当てられるところ，所有者不明土地や動産が売却等されて余剰金が出た場合はともかく，そうでない場合は申立人に金銭を返却するための原資がないからです。

なお，管理人が所有者不明土地を処分することができることから，第三者的な立場の者が選任されると解されます。したがって，申立人（図４のＹやＺ）が自ら管理人になる（予納金の負担を免れる）ことはできません[(5)]。

⒤ 管理人選任申立てと公示

この管理人選任の申立ては，その土地の所在地を管轄する地方裁判所に対して行います（新非訟手続法 90 条１項）。

そして，管理人を選任した裁判所の書記官は，管理人の氏名・住所を登記簿に記載するよう法務局に依頼し，これにより登記がされます（新非訟手続法 90 条６項）。

そうすると，所有者不明土地の買い受けを希望する第三者は，登記簿から判明する管理人に対して買い受けの申し入れをすることができます。

つまり，利害関係人に当たらない第三者も，隣接地所有者らの申立てにより管理人が選任された場合は，裁判所が必要と認めて許可したときに，この土地を買い受けることができるのです。

す（同所同頁）。

(5)　申立人が負担した予納金が土地の管理費等に充てられることから，民法の事務管理（民法 697 条）の規定により，申立人が，土地の所有者に対して，予納金相当額の金銭の支払請求をすることができます（民法 702 条１項）。

すなわち，事務管理とは「法律上の義務がないのに，他人（この場合は不明者）のために事務の管理をする」ことを言います。そして，事務管理をした者は，有益費（必要費を含む広い概念とされています）の償還請求をすることができます。

ただし，土地所有者の所在が不明ですから，その管理費を回収するためには，その者を被告として訴訟を提起しなければなりません（訴状は「公示送達」という方法により送達できます。詳しくは第６章参照）。

(ウ)　管理人の権限は何か？

この管理人は，その土地（または共有持分）及びその土地上にある動産（土地の所有者が有するもの）について，管理・処分権を独占的に有します（新民法264条の3第1項)。これを管理人に権限が「専属する」と言いますが，これにより，土地所有者は管理・処分権を失うことになります。したがって，所有者不明土地管理人が選任されている間は，その土地の所有者が管理・処分を行うことはできません。たとえば，図4の例で，Xが債権取り立てを避けるために所在を不明にさせ，遠隔地においてその所有地を仲介業者に委託して売却しようとしても，土地管理人Yが選任されている場合は，自らは土地を売却することができません。なお，管理・処分権が専属することから，その土地に関する訴訟については，管理人が原告または被告となります（新民法264条の4)。

そして，管理人は，管理権として具体的には，所有者不明土地についての保存行為及び利用・改良行為をする権限を有します（同条2項)。

たとえば，図4の隣地への土砂流出の例では，管理人は裁判所の許可を受けることなく，所有者不明土地に設けられた土留めを修理するなどの保存行為をすることができます（新民法264条の3第2項1号)。

また，その土地の性質を変えない範囲であれば，管理人は，その土地の改良行為として，裁判所の許可を受けることなく土留めの取替え工事を行うことができます（同項2号)。

これに対し，この土地を売却するなどの処分行為については，管理人は，裁判所の許可を得なければ行うことができません（同項本文)。この処分行為は，上記の保存行為及び利用・改良行為の権限の範囲を超えるからです。

たとえば，X（所在不明者）が所有する土地に，何者かが大量の廃棄物を不法に投棄していたので，管理人Yが選任されて一旦はその廃棄物を撤去したところ，その後も継続して新たな廃棄物が投棄されている場合を考えて見ます（図5)。

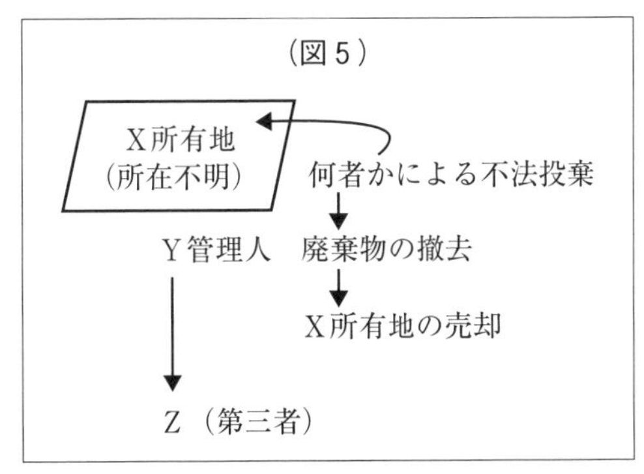

この場合に，継続的な不法投棄を防ぐために，X所有地を有効利用したいとする第三

者Ｚに対して土地を売却する方が適切なことがあります。そのような場合，管理人は，裁判所の許可を得て，その土地をＺに売却することができます(6)。

ちなみに，この土地の最新の登記簿謄本を見れば，管理人が選任されているか否か，それが誰かが分かります（新非訟手続法90条6項）ので，管理人が選任される可能性があるケースにおいて土地を売却するときは，最新の登記簿を確認しておく必要があります(7)。

⑵　所有者不明建物の管理人の制度

新民法は，建物所有者の所在などが不明の場合に，土地とは別に建物管理人を選任できる旨の制度を設けました（264条の8第1項）。

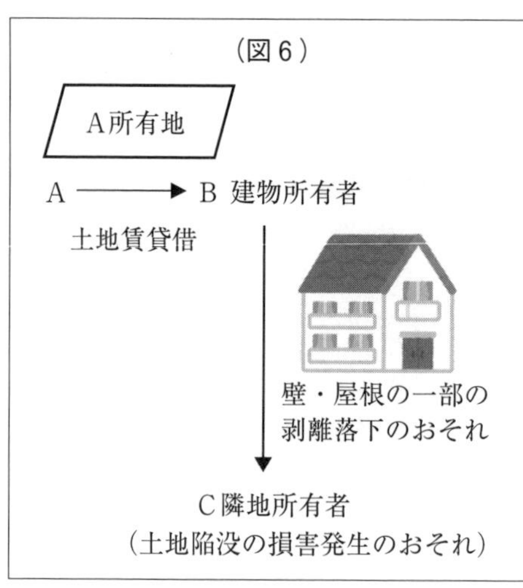

㈠　土地とは別に建物管理人を選任する必要はあるか？

まず，日本民法では，土地と建物は別の不動産とされています。

そして，たとえば，土地の所有者Ａがその土地をＢに賃貸し，Ｂがその土地上に建物を建てて所有している場合に，Ｂの所在が不明となることがあります（図６）。その後，その建物が老朽化して，外壁の一部や屋根瓦

(6)　ちなみに，所有者不明土地管理人が，裁判所の許可を得ないで，その土地又は土地上の動産（土地所有者の所有物）を処分した場合には，原則としてその効力が生じません。管理人に処分の権限がないからです。ただし，そのことを知らないで，土地や動産を購入した第三者には，その無効を対抗できません（新民法264条の3第2項ただし書き）。これは，取引安全の見地から，裁判所の許可がないことを知らない第三者を保護するための規定です。

(7)　また，管理人が選任された土地について，取得時効（時効による所有権の取得。民法162条）を根拠に第三者が登記名義の移転を求めて提訴する場合は，土地の所有者（不明者）ではなく，管理人を被告としなければなりません（新民法264条の4）。この場合も，提訴前に登記簿謄本を確認するのが通常ですから，それにより管理人が選任されているか否かを知ることができます。

が隣地に落下するおそれがあるときは，その隣地の所有者Ｃが損害を受けるおそれがあります。

このような場合に，新民法は，建物の管理人を土地とは別に選任できることとしたのです。

この点，建物の所有者ＢがＡに対する地代の支払いをせず，Ａが借地契約を解除して建物の収去等を請求して実際に収去ができた場合には，建物管理人を選任する必要はありません。

しかし，Ｂの所在が不明である場合は，Ａは建物収去等の訴訟を提起して勝訴判決を得た上で，強制執行の申立てをしなければならず，コストがかかります。そのため，ＡがＢに対する解除や建物の収去請求をしないことがあります。そのようなときは，隣地の所有者Ｃが建物管理人の選任を申し立て，管理人により，その建物の修理等をしてもらうことができるのです(8)。

(イ)　管理人選任の要件は何か？

この建物管理人の選任については，「必要な調査を尽くしても，建物所有者の所在などを知ることができない」ことが必要です。必要な調査を尽くすの意味については，所有者不明土地管理人と同様です（本章２(1)(イ)参照)。

なお，建物管理人の選任申立てができる利害関係人の意味も，上記の土地管理人と同様です。したがって，たとえば，図６のように建物の外壁の一部が剥がれて隣地に落下するおそれがある場合は，その隣地の所有者らが利害関係人となります(9)。ちなみに，申立に際し予納金も納めなければなりません。

また，建物を数人が共有している場合は，所在などが不明となった共有者の持分について，他の共有者が利害関係人となって建物管理人の選任申立てをすることができます。

たとえば，ＸとＹが共有（持分は各２分の１）する建物について，大規模な

---

(8)　改正の議論の当初においては，土地の管理人が，その土地上の建物の管理権限を有する旨の案もありました。しかし，土地と建物は別個の不動産であることから，土地管理人の権限は，借地人など他人が所有する建物にまでは及びません。この点からも建物について独自に管理人を選任できるとする必要がありました。

(9)　所有者不明建物管理人に関する手続き的な事柄については，新非訟手続法90条16項に規定があります。同項により，所有者不明土地管理人に関する同条２項から15項までの規定が準用されます。つまり，所有者不明土地管理人の場合と同様の手続となります。

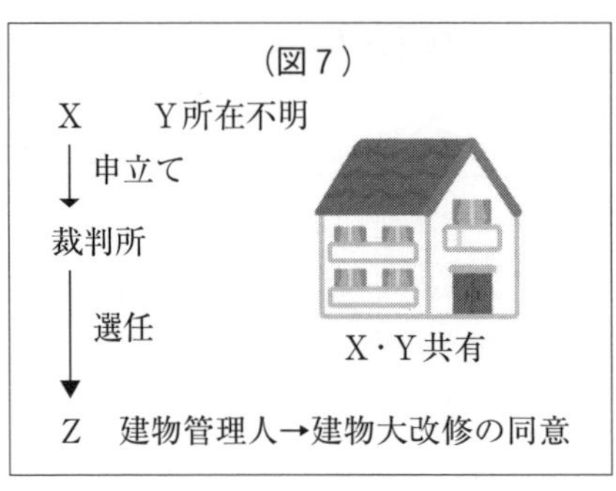

改装が必要となった場合に，Ｙの所在が不明なときは，Ｘは建物管理人の選任を申立てることができます（図７）。

そして，管理人Ｚが選任されれば，その同意を得てＸが建物の改装をすることができます（後述のとおり，建物の形状を著しく変更する行為については，共有者全員の同意が必要です）。

なお，マンションなどの区分所有建物については，新民法264条の8が適用されません。したがって，現状では，区分所有建物や，その持分について建物管理人を選任することはできません（改正された「建物の区分所有等に関する法律」第6条4項）。これについては，区分所有法制研究会（佐久間毅座長）において，別途に法改正が検討されています。

㈦　管理人の権限は何か？

次に，建物管理人の権限は当該建物のみならず，その敷地利用権や建物内の動産（建物所有者が有するもの）に及びます。また，管理人に管理・処分権が専属します。具体的には，管理人は，建物修理などの保存行為や外壁・屋根瓦を取り替えるなどの建物の（利用）改良行為をする権限を有します（新民法264条の8第5項及び同条の3第2項）。

さらには，建物が著しく老朽化して倒壊する危険があり，修理や取替えなどではその危険を防止できない場合は，管理人が裁判所の許可が得て建物を撤去することもできます（同条同項）。

なお，管理人が建物を売却する場合にも，管理人は裁判所の許可を得る必要があります。もっとも，建物はその敷地である土地（借地の場合は，その借地権）と一緒に売り出す必要があります。なぜなら，土地の所有権（または借地権）がないまま第三者が建物の所有権のみを取得しても，それは土地を不法占拠している状態の建物を購入したのと変わらないからです。そうすると，土地と建物の所有権を一体として売却できるのは，土地についても所有者の所在などが不明であり，かつ，その土地の管理人が選任された場合です（通常は土地と建物の管理人が同じ者になると思われます)[10]。

また，建物管理人は，建物内にある動産（建物所有者が所有するもの）なども，管理・処分することができます。たとえば，建物内に汚液の入ったドラム缶が放置されており，それが腐食して隣地に汚液が流れ出している場合は，建物管理人は，裁判所の許可を得て，そのドラム缶を撤去・処分することができます[11]。

㈤　建物が未登記の場合はどうか？

建物が未登記でも，その管理が不十分である場合は，やはり管理人による管理をする必要がありますので，建物管理人を選任することができます。

なお，管理人が，この未登記建物の収去を予定している（裁判所の許可が得られる見込みもある）ときは，保存登記（最初に行なれる所有権の登記）をしないまま収去するのが通常と思われます。

これに対し，管理人が，建物を第三者に売却することを予定している場合には，建物の保存登記をするのが一般的です。この場合は，管理人の選任についても登記がされ，裁判所の許可を得て第三者に売却できた時は，それに基づく所有権移転登記がされます。

---

(10)　ちなみに，建物と一緒に土地の借地権を譲渡する場合は，借地権譲渡について土地所有者の同意を得る必要があります。借地権の譲渡について，土地所有者の同意が得られない場合は，借地借家法19条による裁判所の許可を得て，借地権を第三者に譲渡することができます。

(11)　仮に，所有者不明建物管理人が，裁判所の許可を得ないで，その建物又は建物内の動産を処分した場合には，原則としてその効力が生じません。裁判所の許可がない場合は，管理人に処分の権限がないからです（新民法264条の8第5項及び同条の3第2項)。
　ただし，そのことを知らないで建物や動産を購入した第三者には，その無効を対抗できません（新民法266条の8第5項及び同条の3第2項ただし書き)。これは，取引安全の見地から，裁判所の許可がないことを知らない第三者を保護するための規定です。なお，第三者が「管理人の権限がないことを知らなかった」ことについて過失がある場合も，第三者は保護されます。

３　管理が不十分な土地・建物についての管理人の制度とは？

⑴　管理不全土地の管理人について

㋐　改正の理由は何か？

所有者不明土地の弊害として，土地の管理がされず放置されているために，その土地が周囲に害悪を及ぼしていることがあります。たとえば，管理が不十分な土地の土留めが壊れ，土砂が隣地に流出するなどの害悪を及ぼしている場合がそうです。

この害悪発生の問題は，所有者不明土地の場合にしばしば見受けられますが，その場合だけに限りません。なぜなら，所有者の所在が判明しているものの，その土地について所有者が関心を持たず，何らの管理をしない場合も，同様のことが生じるからです。

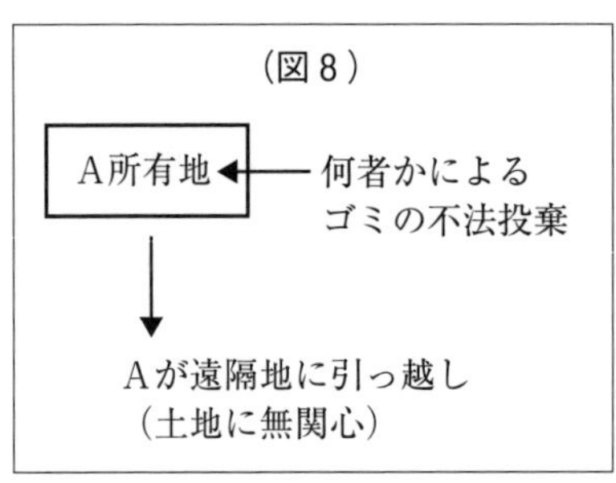

たとえば，Aが所有する土地に，何者かによって大量のゴミが不法投棄されているのに，Aが遠くに引っ越してしまったためその土地に対する関心がなくなり，ゴミの投棄に気がついても対処しないなどの例が見られます（図８）。

そこで，土地の所有者の所在などが判明している場合にも，土地の管理が不十分なために近隣住民らに損害が及びまたは及ぶおそれがあるときは，管理人を選任して，土地の管理に当たらせる必要があります。

このようなことから，新民法は，管理不全の土地についての管理人の制度を設けました（264条の9）。

㋑　管理人選任の要件は何か？

新民法は，「所有者による土地の管理が不適当である」ことにより他人の権利・利益が「侵害され，又は侵害されるおそれがある」場合に，必要があると認めるときは，裁判所が管理人を選任することができるとしました（264条の9第1項）。

上記のような大量の廃棄物が放置されることは，「土地の管理が不適当」である場合に当たり，かつ，これによって著しい悪臭が生じたり，衛生上有害と認められるときは，近隣住民らの利益が侵害されていることになります(12)。

そして，選任された管理人が，専門業者に委託するなどして廃棄物の撤去を行い，その土地を管理することとなります。

ただし，所有者不明土地管理人の場合と異なり，土地の所有者に連絡が取れることから，管理人の選任に当たっては，所有者に意見を述べる機会を与える必要があります。そこで，新非訟手続法は，管理人選任の際に，土地所有者の意見を聴く手続を設けました（91条3項1号）。この点は，所有者不明土地管理人の場合と異なります。

そして，その所有者が，この手続において明確に管理人の選任に反対した場合は，管理行為がスムーズに行われないことが想定されるので，裁判所が管理人の選任申立てを却下する場合が多いとされます（部会資料50. 5頁）。

これに対し，この意見聴取の手続において所有者が管理人選任に反対しなかったときは，管理人が選任されます。そして，その後に管理人がその土地に立ち入るなどして管理をしようとした段階で，その所有者が管理行為を妨害したときは，管理人は妨害排除の仮処分や訴訟をすることができます（部会資料同頁）。

この点，部会資料50. 5頁では，「そもそも，土地の所有者が管理不全土地管理人による管理を拒む行為をすることが想定される……ケースの多くは，相当性を欠くとして管理不全土地管理命令が発令されないと考えられる。」とされています。

しかし，他方で，同資料では，所有者が反対した場合に管理人の選任申立てが「常に却下される」とはされておらず，むしろ，その後に出された部会資料52. 13頁では，「所有者の意見については，発令の場面での一つの考慮要素となる」とされています。

このような部会資料の記述の経緯に照らすと，所有者が反対した場合に管理不全土地管理人が選任されるか否かについては，結局のところ，事案ごとの裁判所の判断に委ねられることになります。

しかし，このような重要な問題について，裁判所の判断にすべて委ねるというのでは，裁判所ごとに管理人選任の是非の判断が分かれるなどして，不公平

(12)　廃棄物が放置されている例については，令和3年3月23日付け衆議院法務委員会会議録13頁小出政府参考人発言参照。

が生じるおそれがあります。

そこで，筆者としては，この選任の是非の判断の基準を明確にする見地から，次のように考えたいと思います。

すなわち，まず，管理不全土地の所有者に連絡が取れる以上は，その所有者が管理人選任に反対したときは，自らが管理するものと解され，原則として「管理の必要がない」ので管理人が選任されません。

ただし，管理不全土地の状況から見て，近隣住民の生命・身体について重大な損害が発生し，または損害が発生するおそれがある場合は，たとえ所有者が管理人の選任に反対しても，例外的に管理人が選任されるべきものと考えます。

たとえば，近年，建設工事に伴って生じた大量の土砂（以下「建設残土」という）が，山間部の谷地などに不適切に埋め立てられ，さらには盛土されたため，その土砂が崩落して近隣住民に被害を与える例が見られます（道路などに損害を与えた例も加えると，近年において相当数の被害が発生しています）。

この建設残土については，農地法・森林法などによる間接的な規制はありますが，現時点において埋立等を直接に規制する法律はありません[(13)]。

また，廃棄物については別途に法律による規制はありますが，「廃棄物が含まれていない建設残土」については，この法律は適用されません。

そのため，多くの地方公共団体が一定の範囲で条例による規制を行っています。それでも，条例に反する埋立・盛土が後を絶たないとされており，それへの対策が喫緊の課題となっています。

こうしたことから，私は，近隣住民の生命・身体に損害が発生し，または損害が発生するおそれがある埋立・盛土がされた場合に，近隣住民が利害関係人として管理不全土地管理人の選任申立てをしたときは，土地の所有者が明確に反対しても，裁判所は管理人を選任すべきものと考えます。

もっとも，このような場合は，近隣住民が，自己の所有地が侵害を受けるおそれがあるとして「所有権に基づく妨害排除請求や妨害予防請求ができる」とする意見もあると思います。しかし，このような埋立・盛土については開始時点での早期対応が必要であるとされているところ，とりわけ所有権に基づく妨

(13)　ちなみに，最近において，国土交通省が建設残土の埋立等について直接に規制する法律の制定あるいは改正をする予定である旨の報道がされました（2021 年 12 月 3 日読売新聞 1 面参照）。今後の動向に注意したいと思いますが，早期に近隣住民等の被害防止の手段を講じるという観点からは，管理人選任の必要性は否定されないと思われます。

害予防請求については，そのような早期の時点においては所有権の侵害のおそれ（具体的な危険性）を立証することが困難であり，現実的な救済策にはなり難いと思われます。すなわち，建設残土が埋立・盛土され，その量が膨大になると，その撤去等の費用も相当に高額となり改善等が困難となることから，これらの近隣住民の生命・身体を害するおそれのある埋立等の行為が開始された早期の時点における管理人の介入を認める必要があるのです。

なお，このように近隣住民の生命・身体に被害が発生するおそれがある場合，裁判所としては，所有者の陳述を聴く手続において単に書面での回答を求めるのではなく，裁判所に出頭して意見を述べるよう求めるのが妥当と思われます。そして，その所有者が，不適切な埋立・盛土を改善する意思を示さないで管理人の選任を拒否した場合は，合理的な理由がないのに管理人の選任を拒否していることになりますので，重大な損害が発生するおそれがあることを重視して，管理人選任を認めるのが妥当と考えます。

また，この陳述の手続等において，土地の所有者がその場しのぎで改善の意思を示すことがあり得ます（地方自治体からの改善指導に対して，盛土をした業者や所有者が「応じる」旨を回答しながら，不適切な埋立を続ける例が見られます）。そこで，裁判所としては，管理人の選任の是非を慎重に判断するために，「一定の期日までに，盛土を条例に適合する状態にする」ことを求め，それが履行されるか否かを確認の上で管理人専任の是否を判断する必要があります。

ちなみに，たとえば，土地にゴミが放置されているがその量がさほどではないなど，他人の権利・利益の侵害の程度がそもそも低い場合においては，管理人による管理の必要がないとして，その選任申立てが却下されるのが通常と思われます(14)。

次に，管理人選任の申立てができるのは利害関係人です。この利害関係人は，土地の管理が不適当であることによって権利・利益を侵害され又は侵害を受けるおそれのある者を言います（新民法264条の9第1項）。

(14)　新民法264条の9第1項は，土地所有者の管理が「不適当である」ことにより，他人の権利・利益が「侵害され，又は侵害されるおそれがある場合」に管理人選任を認めていることから，たとえ物権的請求権の要件を満たさない場合であっても，管理人選任を認めるのが妥当です。なぜなら，物権的請求権が認められる場合に限って管理人選任の申立が認められるとすると，管理人選任の申立をする実益が乏しいこと及び妨害予防請求が実務上は制約が多いために管理人選任の申立自体も同じく制約を受けることになるからです。

具体的には，たとえば，ある土地の土砂が隣地に流入した場合や，ある土地に大量の廃棄物が放置されているために汚液が流れ込むなどの悪影響が隣地に生じた場合には，隣地所有者らが利害関係人になります。

ちなみに，管理不全土地の買い受けを希望する者は，当然ながら利害関係人には当たりません。所有者と連絡が取れる以上は，その所有者と交渉して買い受ければ良いからです(15)。

(ウ) 管理人となることができるのは誰か？

この管理人選任の場合も，申立人は予納金を納めなければなりませんが，利害関係人が自ら管理人となることは否定されないと考えます。なぜなら，管理不全土地管理人は，所有者の同意を得ない限り土地の処分について裁判所の許可を受けることができないので，通常は保存または利用・改良行為のみ行うこととなり，管理権行使については問題が起きにくいからです。また，他人の土地について自ら管理不全状態を解消しようとする申立人がいるのであれば，その申立を認めることが，土地の管理の適正化に資するからです。

(エ) 管理人の権限は何か？

管理不全土地管理人は，その土地及びその土地上にある動産（土地所有者が有するもの）などについて，管理・処分権を有します。ただし，建物所有者の所在が判明しているので，この管理・処分権は管理人に専属しません（新民法 264 条の 10 第 1 項。同条の 3 第 1 項参照）。

たとえば，土地に設けられた土留めが破損したために，土砂が隣地に流出し又は流出するおそれがある場合は，管理人は，その土留めを修理するなどの保存行為をすることができます（同条第 2 項 1 号）。

また，この修理をしても土留めの効果が乏しい場合には，管理人は，その土地の性質を変えない範囲で，改良行為として新たな土留めを設置することがで

(15)　また，対象土地が共有地であり，この土地を現に利用している共有者の土地の管理が不適当である場合も考えられます。

この場合に，隣地所有者らが，その共有持分についてのみ管理人の選任の申立てができるかですが，これは認められないと思われます。なぜなら，所有者不明土地管理人は共有持分について認められる旨が明文で規定されていますが，管理不全土地管理人の場合にはそのような規定がなく，かつ，実際にも土地全体について管理人選任の申立てをすれば足りると考えられるからです。

きます（同項第2号）。これらの権限は，所有者不明土地の管理人と同様です。なお，管理不全土地の管理については，所有者不明土地の管理人と異なり，その氏名・住所が登記されません。管理不全土地の管理人には，その土地の管理・処分権が専属しないからです（新民法264条の3第1項参照）。

重要なのは，管理不全土地管理人が，その土地を処分する場合には，その所有者の同意がなければ裁判所の許可を得ることができないことです（同条の10第3項）。この点が，所有者不明土地管理人との大きな違いです。つまり，土地の所有者と連絡が取れる以上は，その土地の処分をすることについての所有者の意思を無視できないのです。

そうすると，たとえば，土地に廃棄物が継続的に不法投棄されており，これを防ぐには第三者に土地を売却して管理をしてもらう必要がある場合であっても，土地所有者が処分に反対することが十分に予想されるときには，管理不全土地管理人の選任申立てを見送らざるを得ないことがあります。

このような場合に，管理不全土地であるのみならず，所有者に連絡が取れない所有者不明土地でもあるときは，所有者不明土地管理人の選任を申し立て，その管理人に裁判所の許可を得て土地を処分してもらうことができます。所有者不明土地管理人が土地を処分する場合には，土地所有者の同意がなくても，裁判所の許可を得ることができるので，このような場合，所有者不明土地管理人の選任申立により解決する他ありません。

なお，管理不全土地の場合に，土地所有者が所有する動産を処分する必要があるときは，その所有者の同意がなくても裁判所の許可を受ければ動産の処分ができます（同条3項参照）。たとえば，土地上に汚液の入ったドラム缶が放置されている場合に，そのドラム缶が土地所有者の所有するものであるときは，管理人は，裁判所の許可を得て撤去や処分をすることができます。これに対し，ドラム缶が，土地の賃借人などの第三者が所有するものであるときは，管理人はその処分をすることができません。

ただし，土地上に放置されている動産が経済的価値の乏しいものである場合は，所有権が放棄されて所有者のないものとなっていると解されますので，管理人は処分することが可能です。

ちなみに，管理人が裁判所の許可を得ないで土地や動産の処分をした場合は，原則として処分の効力が生じません（同条２項本文[(16)(17)]）。

⑵　管理不全建物の管理人選任について

建物の管理が不適当であることにより，他人の権利・利益を侵害し又は侵害するおそれがあるときは，裁判所は，管理不全建物管理人を選任することができます（新民法264条の14）。

㈠　土地とは別に建物管理人を選任する必要はあるか？

まず，土地の管理は十分にされているが，建物の管理が不十分である場合があります。

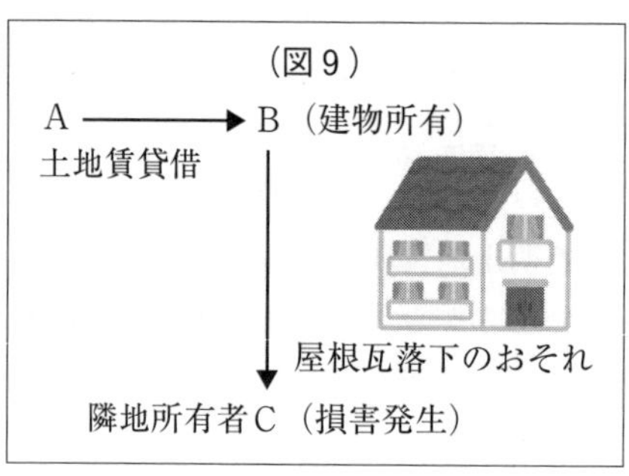

たとえば，Ａが，その所有地をＢに賃貸し，Ｂがその土地上に建物を建てて居住していたところ，その後にＢが遠方に転居して長期間が経過し，建物が老朽化して，屋根瓦が隣地に落下するおそれが生じる場合があります（図９）。これにより，隣地所有者のＣに損害を与えるおそれがある場合に，必要があるときは，Ｃの申立てにより管理不全建物管理人が選任されます[(18)]。

---

(16)　土地や動産の処分を受けた第三者において，「管理不全土地の管理人が，裁判所の許可を得ないで処分した」ことを知らず，かつ，知らないことについて過失がないときは，処分の無効を対抗することができません（同条２項）。

すなわち，管理不全土地管理人による無許可での処分の場合は，第三者について無過失の要件が加えられています。その理由は，管理不全土地の場合は，土地の所有者の所在などが判明しているのが通常であり，所有者不明土地の場合に比べて所有者の利益を守る必要性が高いからです（部会資料56．23頁参照）。

(17)　管理不全土地管理人に関する手続き的な事柄については，新非訟事件手続法91条に規定があり，裁判所は管理人選任や管理人の権限の範囲を超える行為の許可をする場合等においては，その所有者の陳述を聴かなければならず（同条３項），これらの裁判について理由を付さなければなりません（同条４項）。

(18)　もっとも，建物の所有者が建物に何ら関心をもたず，その管理をしていないので，往々にして土地の賃料も不払いとなり，土地の所有者が借地契約を解除して，建物の収去を求めることがあります。

ただし，土地の所有者が，裁判により建物の収去を求める場合はコスト等がかかるこ

(イ) 管理人選任の要件は何か？

新民法は，「所有者による建物の管理が不適当である」ことにより他人の権利・利益が「侵害され，又は侵害されるおそれがある」場合に，必要があると認めるときは，裁判所は建物管理人を選任することができるとしました（264条の14第1項）。

たとえば，管理が不適当である建物の屋根瓦が，隣地に落下し又は落下するおそれがある場合は，裁判所が必要と認めるときに，管理人が選任されします。

また，管理人の選任申立てができる利害関係人は，上記の管理不全土地管理人と同様であり，この例では，瓦の落下により被害を受ける隣地の所有者や借地人などが利害関人に当ります。

なお，マンションなどの区分所有建物についてはこの新民法が適用されません（改正された区分所有法6条4項）。この区分所有法については，上記のとおり，別途に改正が検討されています。

(ウ) 管理人の権限は何か？

管理不全建物管理人の権限は，当該建物のみならず，その敷地利用権（土地の賃借権など）や，その建物にある動産（建物所有者が有するもの）に及びます。ただし，管理人に管理・処分権は専属しません。そして，管理人は，具体的には建物の修理などの保存行為や，建物の性質を変えない範囲で外壁や屋根瓦を取り替えるなどの（利用）改良行為をする権限を有します（新民法264条の14第4項。同条の10第2項の準用）。

しかし，この管理人が，建物を処分するために裁判所の許可を得ようとする場合は，建物所有者の同意が必要となります（同条2項，3項の準用）。なぜなら，管理不全建物の管理人は，建物所有者の所在が判明している場合に選任されるのが通常であり，その処分について建物所有者の意思を無視することができないからです。

また，管理人が，管理不全建物を撤去するために裁判所の許可を得ようとする場合も，建物所有者の同意が必要です。なぜなら，建物の撤去も，建物の処分と同程度の影響を所有者に与えるからです。

とから，収去請求をせず事態を放置することがあります。そこで，このような場にそなえて，土地の所有者が解除や建物収去の請求ができる場合にも，その建物の管理人を選任できるようにする必要があるのです。

このような限界があることから，建物を処分又は撤去するために管理人の選任申立てをする場合は，「所有者不明建物」管理人の選任申立てをするほかありません（ただし，建物所有者の所在が不明であるなどの要件を充たす必要があります）。

これに対し，建物所有者が有する動産（たとえば，汚液の入ったドラム缶など）を撤去又は処分するために裁判所の許可を得る場合は，その所有者の同意は必要ありません。

なお，管理人が，裁判所の許可を得ないで，その建物又は建物内の動産（建物所有者の所有のもの）を処分した場合には，原則としてその効力が生じません(19)(20)。

４　共有のルール改正について

(1)　共有とは何か？

共有とは，一つの物を複数の人が所有することを言います。

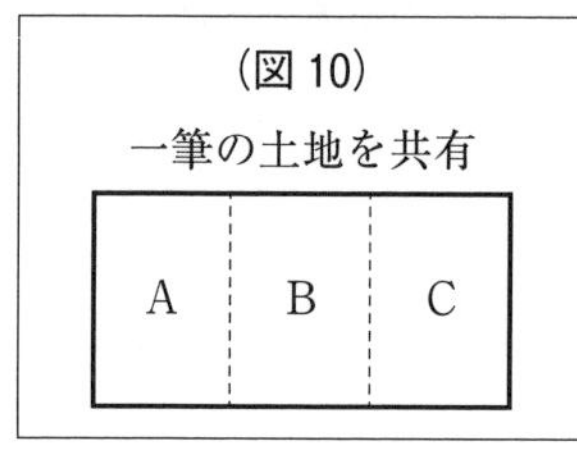

たとえば，A・B・Cの３人が共同でお金を出しあって一筆（いっぴつ）の土地を購入した場合，その土地は３人の共有となります（図10）。ちなみに，一筆とは「土地登記簿における一つの土地」であり，土地ごとに「地番」という番号が付されているので，この例では，同一の地番の土地を３人で所有していることになります。

この３人が有しているそれぞれの権利を共有持分権（あるいは，単に持分権）と言いますが，その法的性質は所有権です。

そして，３人が同じ金額を出しあって土地を購入した場合は，当事者間で特に合意がない限り，各人が平等に３分の１ずつの持分権を有することとなりま

---

(19)　ただし，処分の相手方である第三者が，裁判所の許可がないことを知らず，かつ，知らないことについて過失がない場合は，無効を対抗できません（新民法264条の14第４項。同条の10第２項準用）。

(20)　管理不全建物管理人に関する手続き的な事柄については，新非訟事件手続法91条10項に定めがあり，同条２項から９項までの規定が準用されています。

す（民法250条[21]）。

さて，持分権が所有権の性質を有するとは言っても，共有状態という制約があります。たとえば，図10の例でAとBが，共有地全体を通常より高い金額で売却したいと思っても，Cが同意しない場合は，売却することができません。なぜなら，土地全体の売却がAとBだけでできるとすると，Cの意に反してその持分権（所有権）を奪うことができることになり不合理であるからです。

そして，共有者の一部の所在が不明な場合も，原則としてその者の意思に反して持分権を奪うことができず，共有物全体の売却などが困難となります。

そこで，新民法は，所在などが不明な共有者の利益に配慮しつつ，その持分の管理・処分を円滑に行える旨の制度を設けました。

以下において，まずは共有に関する一般的な事柄を述べ，その後に新法の制度を解説します。

⑵　共有物の保存・管理・変更について

まず，各共有者は，その持分の割合に応じて共有物全体を使用することができます（民法249条1項）。たとえば，3人で共同して購入したヨットについては，合意により1カ月ずつ順番に単独で使用することができます。

もっとも，3人の共有物を，そのうちの1人（たとえばA）が独占的に期限の定めなく使用する場合もあります。この場合，Aは自己の持分を超えて共有物全体を使用しているので，原則として，自己の持分を超える部分の使用料（対価）を，他の共有者に支払う必要があります。この点は，旧民法下の解釈として認められていましたが，新民法は，この対価を支払う義務がある旨を明文化しました（249条2項）。

ただし，3人の共有者間で「Aのみが無償で使用できる」旨を合意していた場合は，これと異なる特別な合意があることになり，Aは対価を支払う必要はありません。新民法は，この点を明らかにするため「別段の合意がある場合を

(21)　なお，上記の3人での土地共有というのは，分かりやすい例を挙げるためにあえて記載したものであり，複数人で不動産を共同購入することは，そもそもお勧めできません。将来において共有不動産を売却したいと思ったときに，共有者間で売却の是非や売却価格について意見が分かれ，そのまま放置せざるを得ない事態が生じるおそれがあるからです。近時，キャンプ目的で山林などを愛好者の複数人が共同して購入する例が見られますが，将来において土地の処分等をめぐり意見の食い違いが生じ得ることを視野に入れておく必要があります。

除き」と規定しました（同項)。なお，このような特別の合意は黙示の合意でも足りますので，Ａが無償で単独使用していることについてＢとＣが黙認していた場合は，特別の合意があったものとされることがあります。

ただし，過半数の同意を得ないでＡが共有物を単独で使用している場合に，ＢとＣが合意してＢに共有物を単独で使用させることを決定したときは，その決定は有効とされます（新民法 252 条 1 項第 2 文。Q&A 改正民法 64 頁)。もっとも，後に述べる共有物を使用する者に「特別な影響を及ぼす」（⑶④）場合として，別途に承諾が必要となることがあります。

㈠　共有物の管理について

この共有物の使用のあり方に関する決定は，共有物の「管理」に関するものですので管理行為と言います。そして，管理行為については，共有者の持分の価格に従い，その過半数の同意により行うことができます（新民法 252 条 1 項，旧民法も同じ)。

なお，共有物に賃借権その他の使用及び収益を目的とする権利（以下「賃借権等」という）を設定する行為が管理行為に当たるか否かについては，旧民法には規定がなく，扱いが不明でした。そこで，新民法は，この点を明確化し，次の①から③の短期の賃借権等の設定のみが，管理行為に当たるとしました（これよりも長期の賃借権等の設定は，次に述べる変更行為に当たります)。

①　樹木の植栽または伐採を目的とする山林の賃借権等については，存続期間が 10 年以内のもの（新民法 252 条 4 項 1 号）

②　上記①以外を目的とする土地の賃借権等については，存続期間が５年以内のもの（同項 2 号)。

③　建物の賃借権等は，存続期間が３年以内のもの（同項 3 号）

④　動産の賃借権等は，存続期間が６カ月以内のもの（同項 4 号）

なお，条文に照らすと，この賃借権等の設定は第三者に対するものには限られず，共有者間で設定する場合も含まれます。

㈡　共有物の保存について

次に，共有物については，各共有者が，他の共有者の同意を得ることなく，単独でできる行為があります。これを保存行為と言います。

たとえば，第三者がＡ・Ｂ・Ｃの共有地に廃棄物を不法投棄し，その土地使用を妨害した場合は，共有者のいずれか1人が第三者に対し，廃棄物の撤去すなわち妨害排除を請求することができます。この請求は，すべての共有者にメリットを与える行為ですから，単独でできるとしても問題がないからです（新民法252条5項。旧民法と同じ）。

(ウ)　共有物の変更について

さらに，共有においては，共有者全員の同意がなければできない変更行為というものがあります（新民法251条1項）。

たとえば，共有の農地を造成して宅地に変える行為は，共有物の形状を著しく変更する行為ですので，全員の同意を要する変更行為に当たります(22)。

ただし，新民法は，「共有物の形状または効用の著しい変更に当たらない行為」は，全員の同意がなくても行えるとしました（同項かっこ書き）。これは，軽微な変更行為と呼ばれていますが，「著しい」変更に当らない場合が広く含まれますので，必ずしも軽微な変更に限られません。この軽微な変更行為は，共有物の「管理」行為の規定に従い，過半数の同意があれば行うことができます。たとえば，砂利がひかれた共有の私道をアスファルト舗装するなどの改良行為は，私道の形状や効用を根本的に変えるものではないので，軽微な変更として過半数の同意を得れば行うことができます。

なお，賃借権の設定については，上記（(ア)①～④）のとおり長期の賃借権を設定する場合が，変更行為に当たります。

そうすると，建物所有の目的で土地に賃借権を設定する場合すなわち借地権設定の場合は，常に「変更」行為に当たります。なぜなら，借地権の存続期間は最低30年とされており，常に長期の賃貸借となるからです（借地借家法3条）。

また，通常の建物賃貸借において3年以下の存続期間が定められた場合も，借地借家法により賃貸人の更新拒絶が原則として認められません（同法28条）ので，その設定は変更行為に当たります。

これに対し，定期建物賃貸借の場合は更新が認められない（同法38条1項）ので，3年以内の期間を定めた場合は，管理行為として過半数の賛成により設定できます。

その他，取壊し予定の建物の賃貸借（同法39条1項）及び一時使用目的での

(22)　なお，農地を宅地に変更する場合は，さらに農地法5条の許可を得なければなりません。

建物賃貸借（同法40条）も，適正に設定された場合は更新が当然には認められず，期間が３年以内の場合は過半数の賛成により設定できます。

なお，共有物の管理・保存・変更に関する新民法は，所有権以外の財産権（地上権，賃借権，株式など）に準用されます（新民法264条）。この「所有権以外の財産権の共有」を準共有といいます。これに関して，株式を共同相続して「遺産共有」した場合に，準共有の規定が適用されるか否かが問題となります。これについては，第３章の２(1)及び第８章１で述べます。

⑶　所在などが不明な共有者を除外して管理・変更の決議ができるか？

上記のとおり，共有物の管理行為は過半数の同意により行うことができ，共有物の変更行為（軽微な変更を除く）は全員の同意により行うことができます。

①　所在などが不明な共有者がいる場合の共有物の変更

従来は，所在などが不明な共有者（以下「不明共有者」という）がいる場合にはその同意が得られず，共有物の変更行為ができませんでした。

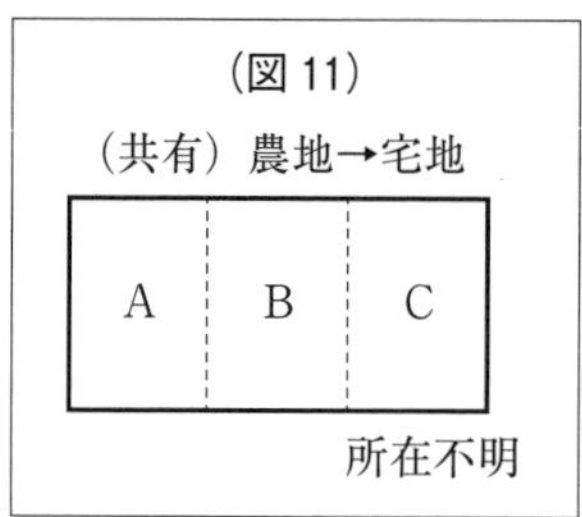

たとえば，Ａ・Ｂ・Ｃが共有する農地を宅地に変えたい場合に，Ｃの所在が不明であるときは，Ｃの同意が得られず，宅地への変更を行うことができませんでした（図11）。

これでは他の共有者が一切の変更行為をすることができず不都合であることから，新民法は，不明共有者(C)がいる場合に，他の共有者(A)の申立てに基づき，裁判所が，不明共有者を除外して変更行為ができる旨の決定ができるとしました（251条２項）。

すなわち，まず「共有者(A)が他の共有者(C)を知ることができず，又はその所在を知ることができないとき」に，共有者(A)が，この申立てを裁判所にすることができます。この意味は，所有者不明土地管理命令の場合と同様に，必要な調査を尽くしても共有者の所在などが分らないことなどを言い，基本的には公的書類を調査しても所在が分らないことを言います。そして，申立を受けた裁判所は，その者(C)の所在などが不明か否かをチェックします。

ただし，裁判所がチェックするのは，所在などが不明か否かという点のみであり，変更行為が妥当か否かについては判断しません。この妥当性（共有農地を宅地に変えることが適切か否か）は，共有者の自主的な判断に委ねられるべきものであるからです。なお，実際に変更を加えるためには，別途に裁判外で不明共有者以外の共有者(B)の同意を得る必要があります（Q&A 改正民法 80 頁）。

ただし，同条 2 項の「変更を加える」という文言には，共有物の売却や抵当権設定など，不明共有者の持分喪失につながる行為は含まれません（部会資料 51．9 頁）。なぜなら，裁判所がチェックするのは，上記で述べた点のみであり，それだけで不明共有者の持分を喪失させることができるとするのは，持分権（所有権）の保護にそぐわないからです(23)。

そうすると，変更行為としてできるのは，宅地を農地に変えるなどの物理的変更や長期の賃借権の設定などです(24)。

なお，上記のとおり共有物の形状や効用の著しい変更を伴わない軽微変更は，そもそも変更行為に当たりません（新民法 251 条 1 項かっこ書き）ので，この許可を求める裁判を申し立てる必要がありません。

この申立ては，共有物の所在地を管轄する地方裁判所に対して行います。その他，これに関する手続的な事柄は，新非訟手続法 85 条に規定されています。すなわち，裁判所は，①この裁判の申立てがあったこと，②所在不明とされる

---

(23)　持分の喪失につながる行為は民法 251 条 2 項の「変更を加える」には当たらないとすると，変更行為について全員の同意を求めている同条 1 項の「変更を加える」の意味をどう解するかが問題となります。

この点，共有物の売却や抵当権設定などの持分の喪失につながる行為は，1 項の「変更を加える」には当たるが，2 項のそれには当たらない（概念の相対性）とする考え方があります。

これに対し，1 項と 2 項のいずれにおいても「変更を加える」には持分権の喪失につながる行為は含まれないが，そもそもそのような行為は持分権者の個々の同意がなければできないので，結果として全員の同意が必要となる（同条 1 項の適用外）とする考え方もあります。

いずれにしても，新民法は，この解釈問題については決着をつけていませんので，今後の解釈に委ねられます（Q&A 改正民法 75 頁注 4 参照）。

(24)　ただし，建物所有を目的とする借地権の設定が，新民法 251 条 2 項の「変更を加える」に当たるか否かが問題です。

この借地権設定は，すでに述べたように「長期の賃借権」の設定であるところ，持分権の喪失にはつながらないので「変更」行為に当たり，不明共有者を除外して他の共有者全員の同意を得て行うことができるとの考え方が有力です（Q&A 改正民法 75 頁注 3）。

しかし，借地権の設定においては，当初は最低 30 年間の存続期間が認められ，その後も法定更新により長期に渡って存続しますから，共有持分の喪失に匹敵する行為と思われます。

したがって，借地権設定は，同条 2 項の「変更を加える」には含まれず，不明共有者を除外して借地権設定をすることはできないと解するのが妥当と考えます。

共有者が，この裁判をすることについて異議があるときは，一定の期間（1カ月を下らない）内にその旨の届出をすべきこと，③その届出がないときはこの裁判がされること，を公告して不明共有者に異議を述べる機会を与えています(同条2項)。

② 不明共有者がいる場合の共有物の管理行為

次に，A・B・C・Dが土地を共有（持分は各4分の1）している場合に，BとCが所在不明の場合は，Aは，過半数の同意が必要とされる管理行為（現状を変えて単独で耕作するなど）もできません。この点も，旧民法では規定がなく，解決方法がありませんでした。

そこで，新民法は，上記①と同様に，共有者Aの申立てに基づき，裁判所が不明共有者（BとC）を除外して管理行為ができる旨の決定をすることができるとしました（252条2項1号)。

この決定により，共有者Aは裁判外でDの同意を得ることにより管理行為をすることができます。

なお，この申立ては，共有物の所在地を管轄する地方裁判所に対して行います。その他の手続的な事柄は，新非訟手続法85条をご覧下さい（公告の手続等は①と同様です)。

③ 賛否が不明な共有者がいる場合の共有物の管理行為

また，新民法は，管理行為について賛否を明らかにしない共有者がいる場合に，他の共有者が裁判所に申し立てることにより，賛否不明者を除外して管理行為ができる旨の決定を裁判所ができるとしました（252条2項2号)。

すなわち，裁判所から賛否不明者に対し，一定の期間内に管理行為の是非について賛否を明らかにするよう催告し，その催告を受けた者がその期間内に賛否を明らかにしないときは，裁判所はその賛否不明者を除外して管理行為をすることができる旨の決定ができます。ただし，別途に裁判外で，賛否不明者以外の共有者の持分の価格に従い，その過半数の同意を得る必要があります（同項本文)。

この規定により，共有物の管理行為について何ら関心がない共有者がいても，必要な管理行為を行うことができます。

なお，変更行為については，持分権を保護する見地から，このような賛否不明者を除外する手続は設けられていません。ご注意ください。

ちなみに，この申立ては，共有物の所在地を管轄する地方裁判所に対して行います。その他，これに関する手続的な事柄は，新非訟手続法85条をご覧下さい（公告の手続等は①と同様です）。

④　特別な影響を及ぼす共有者の承諾

ところで，共有物の管理行為の決定（上記②，③含む）により，共有物を使用する共有者に「特別の影響を及ぼす」ときは，その者の承諾を得なければ管理行為を行うことができません（同条3項）。これは，その特別の影響を受ける共有者の利益に配慮した規定です。

ここで「特別の影響を及ぼす」とは，その共有物を現に使用しているのみならず「受忍すべき程度を超える不利益を受けると認められる」（補足説明5頁）ことを言います。

たとえば，A・B・Cの共有地について，Cが一旦はAとBの同意を得て自宅建物を建てて単独でその土地を使用している場合に，Aが翻意してその土地を単独で利用したいとしてBの承諾を得た（Bも翻意した）ときには，特別な影響を受けるCの承諾がなければ共有地の使用者を変えることができません。なぜなら，Cが自宅建物を建てて土地を使用している場合に，AとBの過半数での決定により，その使用を停止させることができるとするのは，Aの利益を著しく害するからです。

ただし，現に共有物を使用している者が承諾を得るべき対象となりますので，不明共有者はそもそも「特別な影響」を受ける者には当たらないと解されます。したがって，上記②により不明共有者を除外して管理行為をする場合は，その承諾を得る必要はないと解されます。

なお，不明共有者を除外して共有物の管理・変更行為ができる旨の新法は，所有権以外の財産権に準用されます（新民法264条）。

⑷　共有物の管理者の制度とは何か？

また，新民法は「共有物の管理者」について規定を設けました（252条の2）。この管理者は，共有者の過半数の同意によって選任されるものであり，共有物の管理行為はできますが，原則として共有物の変更行為ができません（同条1項）。

この管理者自体は，旧法下でも過半数の同意により選任できたものの，その要件や管理者の権限についての規定がなかったことから，新民法に規定が設けられました（補足説明17頁）。

なお，上記(3)①と同様の趣旨に基づき，共有物の管理者が，他の共有者の所在などを知ることができないときは，裁判所に申し立てた上で，不明共有者を除外し，それ以外の共有者全員の同意を得て，共有物に変更を加えることができます（同条２項）。

もっとも，すでに述べたように不明共有者の持分の売却や抵当権設定などの持分の喪失につながる行為をすることはできません（部会資料51．9頁）。

ちなみに，この規定も所有権以外の財産権に準用されます（新民法264条）。

(5)　共有物の分割請求について

さて，共有物については，共有物分割手続という制度があります。

これは，共有関係を解消するための手続であり，たとえば，３人の共有地を３つ（３筆）に分割する手続を行うことを言います。なお，土地の分割の場合は，一つの土地について分割（分筆）の手続を行い，各人が違う地番の土地を単独で所有することになります。

ただし，分割した土地の地形が悪かったり，道路に接しない袋地であるなどの場合は，その土地の価値が乏しくなりますので，分割の仕方に注意しなければなりません[25]。

この共有物分割は，まずは共有者間の協議によりされます。

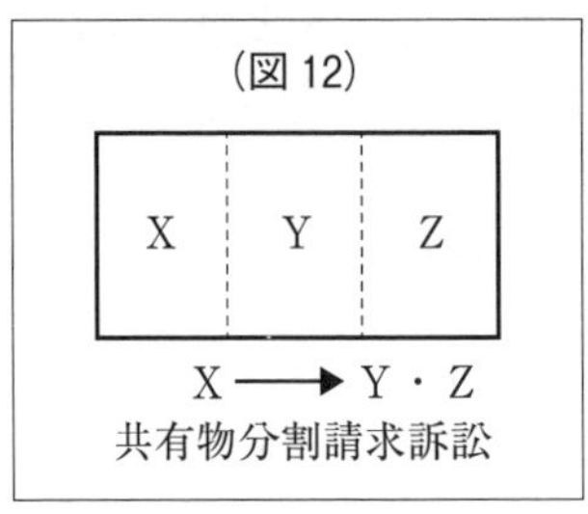

この点，たとえばX・Y・Zが共有する土地について，それぞれが共有地全体を取得したいと希望した場合は，共有者間で協議がまとまりません。

そこで，このような場合には，共有者の１人(X)が，他の共有者全員（Y・Z）に対して，共有物分割を求める訴訟を提起することができます（図12。新民法258条１項）。

この共有物分割の請求訴訟を提起した場合に，裁判所がどのような判断をするかが問題です。

---

(25)　建築基準法43条は，土地の上に建物を建てる場合は，その土地が原則として幅４メートルの道路に２メートル以上接していなければならないとしています（同法42条参照）。これに違反して建物を建てた場合は，違法建築物となります。したがって，そのような道路に接していない土地は価値が著しく乏しくなります。

これについて旧民法は,「共有物の現物を分割することができないとき……は,裁判所は,その競売を命ずることができる」としていました(258条2項)。つまり,民法上は「現物を分割する」ことが原則であり,それができないときは共有物を競売して代金を分割することになっていました。

しかし,共有物の現物分割が困難な場合があり,かつ,競売金額が通常の売買価格よりもかなり低いことがあるため,訴訟を提起してまで分割することを躊躇せざるを得ないことがありました。

また,共有物分割の協議中に,上記のYがその持分をXに譲渡し,Xが3分の2の持分を取得することもあります。そのような場合は,XがZに対し,適正な代金額を支払うことにより共有地全体を取得できるようにする方が妥当な場合があります。

そこで,最高裁判所は,共有物の性質など諸般の事情を総合的に考慮し,「特定の共有者(X)に共有物全体を取得させるのが相当であると認められ,かつ,その者が適正な代金額を支払う能力がある場合には,持分の価格の賠償をさせることにより,特定の者(X)に共有物全体を取得させることができる」旨を判示しました[26]。このような金銭の賠償による分割を,賠償分割といいます。

これを受けて新民法は,判例ルールを明文化することとし,賠償分割つまり「共有者(X)に債務を負担させて,他の共有者(Z)の持分の全部(又は一部)を取得させる方法による分割」を定めました(258条2項2号)。

この賠償分割により,Xが共有物全体を取得することが可能となり,単独所有などシンプルな所有関係にすることが促進されます[27]。

なお,共有物分割に関する新民法は,所有権以外の財産権に準用されます(新民法264条)。

(6)　所在が不明な共有者がいる場合における不動産の共有関係の解消方法

ところで,共有地において,不明共有者がいる場合は,共有関係を円滑に解

(26)　最判平成8年10月31日民集50巻9号2563頁。

(27)　新民法258条4項は,裁判所において当事者に対し「金銭の支払…その他の給付を命ずることができる。」としています。この給付を命ずる判決には,物の引渡し・登記移転申請と金銭の支払との引換給付の判決も含まれます(Q&A改正民法110頁)。賠償分割の判決が見込まれる場合は,それによって持分を失うことになるであろう当事者(上記の例ではZ)は,予備的に賠償金の支払との引き換え給付の判決を求める旨を申し立てておくことをお勧めします。

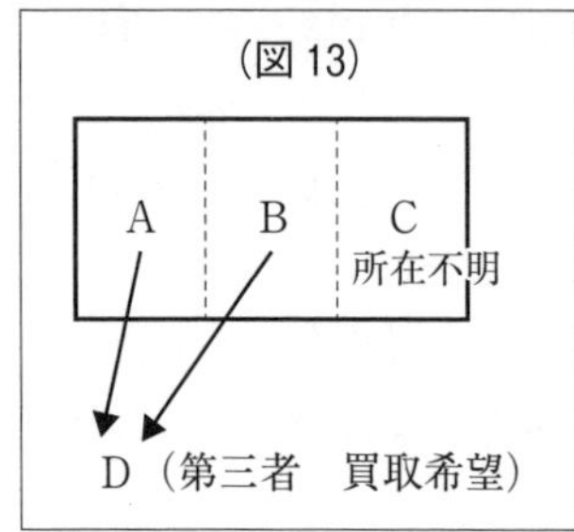

消できないことがあります。

たとえば，A・B・Cが土地を共有している場合に，第三者のDから「その土地を売却して欲しい。通常の値段よりも高い金額で買う。」などの要望が出た場合は，共有地全体をDに売却して３人で対価を分配し，共有関係を解消した方が良いことがあります（図 13)。

しかし，この場合に，Cの所在が不明であるときは，Cの持分を売却することができません。

もっとも，このような場合にAが，B及びC（不明共有者）に対して，共有物分割請求訴訟を提起（所在不明のCについては，訴状は公示送達）して，B及びCの持分を賠償分割により取得することが考えられます。

しかし，そうすると，不明共有者がいる場合は，共有関係解消について常に訴訟の手間とコストがかかります。また，訴訟において共有物をどのように分割するかは裁判所の判断に委ねられており，Aが，賠償分割によりB及びCの持分を必ず取得できるとまでは言えません（補足説明 35 頁参照)。

そこで，新民法は，不動産（及び不動産の使用または収益をする権利）に限ってではありますが，不明共有者がいる場合に共有関係の解消が円滑にできるようにするため，次の２つの制度を設けました。

㋐　不明共有者の持分を，他の共有者が一方的に取得できるとする制度（262 条の２第１項，第５項)

㋑　不明共有者の持分を（他の共有者の持分と一緒に）一方的に第三者に譲渡することができるとする制度（262 条の３第１項，第４項)

の二つです。以下，順番に説明します。

㋐　共有持分の一方的取得について

まず，新民法は，裁判所に申し立てることにより，不明共有者(C)の持分を，他の共有者(A)が適正な対価を供託して取得できるとしました（262 条の２)。

このような制度を設けた理由は，不明共有者(C)の持分権は尊重すべきものの，所在が不明であることから適正な対価が支払われるのであれば共有関係を早期に解消する方が妥当であるからです。

ちなみに，改正作業の当初は，裁判所ではなく法務局が，持分の一方的取得の申立てを受けて「対価が適正か」などをチェックするという案が示されました。（部会資料3．26頁の「公的機関」としては，法務局もあり得る旨の説明がありました）。

しかし，不明共有者とされる者(C)が真に所在不明か否か，あるいは対価が適正か否かについて，裁判所以外の機関が適切に判断することは困難であり，結局のところ，これでは不明共有者(C)の権利が不当に侵害されるおそれがあります。

この点についても，私どもから反対意見を述べたところ，最終的には，裁判所がこれらをチェックすることになりました。

(i)　持分取得の要件は何か？

まず，不動産が数人の共有に属し，かつ，一部の共有者(C)が誰か又はその所在がどこかについて，必要な調査を尽くしても知ることができないことが必要です（新民法262条の2第1項）。

この「必要な調査を尽くす」の意味については，所有者不明土地管理人の箇所（本章2(1)(イ)）で説明したのと同様です。すなわち，所在不明と言えるためには，原則的には公的書類の調査によりその共有者が登記簿や住民票上の住所に居住していないことを確認する必要があります。

そして，共有者(A)が裁判所に対して，不明共有者(C)の持分を取得する旨の裁判を求めて申し立てる必要があります（同項第一文）。なお，その共有者(A)のみならず他の共有者(B)も持分の一方的所得の申立をした場合は，申立をした各共有者の持分の割合に応じて，不明共有者(C)の持分を取得させることとなっています（同条1項第2文）。

ただし，この不動産について，申立人以外の共有者(B)から共有物分割請求訴訟が提起され，かつ，その者から不明共有者(C)の持分の一方的取得について異議が述べられた場合は，この規定による持分取得はできません（同条2項）。なぜなら，このような場合は，共有物分割請求訴訟における裁判所の判断により共有関係を解消すべきであるからです。

(ii)　申立ての方法と供託について

この持分の一方的取得の申立ては，共有者(A)が，不動産の所在地を管轄する地方裁判所に対して行います（新非訟手続法87条1項）。

これを受けて裁判所は，この申立てについて上記の要件が充されていることを確認するための手続（公告など[28]）をした上で，申立人(A)に対し，裁判所が定める額の金銭を供託するよう命じます（同条2項，5項）。この供託がされない場合は，申立ては却下されます（同条8項）。

また，供託金の額を裁判所が決めるに当たっては，その時点での不動産の時価を調べる必要がありますので，事案によっては申立人に対し，不動産鑑定士作成の土地評価書の提出を求めることがあります。ただし，対象となった共有持分の価額が，同じような場所・面積の土地（単独所有地）の時価を基に計算した持分の価額と比較して，低く評価されることがあります。

たとえば，Aが不明共有者Cの持分を取得しても，他に共有者Bがいるために共有関係を解消することができない場合には，Cの持分額が低く評価されることがあります（これを「共有減価」という。Q&A改正民法135頁注4)。これは，取得した持分（C持分）のみでは共有地全体の処分ができず，使用・収益も十分には行えないからです[29]。

なお，この供託がされた後に，所在不明とされた者(C)が帰来して，供託の事実を知ることがあります。そして，その帰来者(C)は，供託金の還付（支払）請求ができます。また，専門家（不動産鑑定士など）に依頼して，供託額がその持分についての当時の時価額よりも低いか否かを調べることができます。そして，その調査の結果，供託金額が時価額よりも低いことが分れば，帰来者(C)は，持分の取得者(A)に対し，時価額と供託額との差額の支払いを請求することができます（新民法262条の2第4項)。

それでも，他の共有者(A)が不明共有者であった者(C)の持分を一方的に取得したこと自体は有効ですので，この制度により他の共有者(A)は，共有関係の解消のための重要な一歩を踏むことができます。

---

(28)　裁判所は次の①から④の事項を公告します（新非訟手続法87条)。①持分の一方的取得の裁判の申立があったこと，②持分の一方的取得の裁判をすることに異議がある旨の届出（不明共有者とされた者や他の共有者）は，一定期間内（3カ月を下らない）にすべきこと，③この届出がないときは持分の一方的取得の裁判がされること，④この申立人以外の共有者が，同じく持分の一方的取得の裁判の申立をするときは，一定期間内（3カ月以上を下らない）に申立てるべきことなどです（同条2項)。

(29)　持分の一方的取得をした者(A)が，その後に他の共有者(B)とともに，第三者(D)に全ての持分を時価で売却した場合は，共有減価分を利得できるのではないかとの問題があります。これは，差額支払請求において，持分の取得時の時価が「共有減価をしない場合の時価額」であると認定することにより回避する他はないと思料する。

(イ) 共有者の持分の一方的譲渡について

また，新民法は，共有者(A)の申し立てに基づき，裁判所が，「不明共有者(C)の持分を，その他の共有者(B)の持分と一緒に，第三者(D)に一方的に売却できる」旨の権限を与える制度を設けました（262条の3)。

これは，上記(ア)の持分の一方的取得が，不明共有者(C)から申立人(A)への持分移転にとどまるものであるのに対して，不明共有者(C)の持分を含めて共有地全体を直接に第三者(D)に譲渡することができる制度です。

この場合も，必要な調査を尽くしてもその共有者(C)の所在などが不明であることが必要です。また，申立人共有者(A)が裁判所に対し，不明共有者以外の共有者(B)の持分と一緒に第三者(D)に譲渡する権限を付与するよう申し立てること及び裁判所が定める金額を供託することが必要です。なお，裁判所が定める金額が供託されなければ，この申立ては却下されます（同条2項が準用する同法87条5項及び8項)。

なお，この申立ては，当該不動産の所在地を管轄する地方裁判所に対して行います（同法88条1項)。また，これを受けて裁判所が公告(30)などの手続をします（同条2項が準用する同法87条2項)。

ただし，この決定後2か月以内に，申立人(A)はこの売却権限に基づいて，第三者(D)との間で「他の共有者(B)とともに持分の全部を譲渡する」旨の契約を締結するなどして譲渡の効力を生じさせなければなりません。万一，その効力が生じなかったときは，裁判所の決定の効力は失われます（同法88条3項本文)。ちなみに，やむを得ない事由により2カ月以内に譲渡の効力を生じさせることができないときは，裁判所に申し立てて，その期間を延長してもらうことが可能です（同項ただし書き)。

なお，帰来した不明共有者(C)は，この手続により供託された金銭の支払いを法務局に対して求めることができます。そして，万一，その供託額が裁判所の決定時の時価額を下回っている場合は，その共有者(C)は，譲渡をした共有者（AとB）に対して，時価との差額の支払いを請求することができます。（新

(30) 裁判所は，①この譲渡権限不付の裁判の申立があったこと，②所在などが不明とされる共有者が譲渡権限付与の裁判をすることに異議がある場合には，一定期間内（3カ月を下らない）にその旨の届出をすべきこと，③この②の届け出がないときは譲渡権限の付与の裁判がされること，を公告します。これにより不明共有者の異議申立の機会が与えられます。

民法262条の3第3項)。

ちなみに，ここで言う持分の時価は，「不動産全体の時価相当額を，不明共有者(C)の持分に応じて按分して計算した額」(同項) を言いますので，(ア)の持分の一方的取得の場合と異なり，共有減価はされないこととなります (同条3項)。

以上の不明共有者の持分の一方的取得・譲渡の規定は，不動産所有権や不動産の使用・収益権以外の財産権には準用されません (新民法264条かっこ書き)。

５　相隣関係のルール改正について

(1)　相隣関係とは何か？

民法には，相隣関係すなわち「隣接する土地所有者相互の関係」についての規定が設けられています (新民法209条以下。旧民法も同じ)。

これは，一方で自分の土地のために隣地の使用などができる点で「所有権の拡張」と言えますが，他方で隣地の所有者が自分の土地を使用することを受忍しなければならない点で「所有権の制限」とも言えます。

いずれにしても，合理的な範囲内で隣地の使用などを認めることは，現代社会においても重要です。

(2)　隣地使用権について

(ア)　改正の理由は何か？

旧民法は，建物などの建築または修繕をするのに必要な範囲で，隣地の使用を「請求することができる」(以下「請求権説」という) としていました (209条1項)。

これは，たとえば，Ａが建物を建築するために隣地であるＢの所有地を使用したい場合は，Ｂの「承諾を得なければならない」とするものです。そして，Ｂの承諾が得られない場合は，Ａが訴訟を提起して勝訴判決を得なければならず，その間はＢには「自己の土地を使用させる義務はない」こととなります[31]。この請求権説は，隣人の生活等の平穏に十分に配慮したものと言えます。

しかし，この旧民法の規定に対しては，隣地所有者Ｂの所在が不明であった場合は，その使用承諾を得ることができず，Ａの建物建築などに重大な支障が

(31)　東京地裁平成15年7月31日判決・判タ11500号207頁参照。

生じるなどの批判がありました。

そこで，この旧民法を見直して，建築等の必要があれば「当然に隣地を使用できる」と規定すべきである（以下「権利説」という）旨の提案がされました。ただし，この立場も，隣人の生活の平穏に配慮する見地から，土地の所有者(A)が，事前に隣地所有者(B)に対して，「隣地使用をする旨を通知する」必要があるとしました。

確かに，隣地が所有者不明土地である場合の対応策は必要です。

しかし，このような権利説に立って改正を行うことには問題がありました。たとえば，Aが「建物の建築のためにあなた(B)の土地を使用したい。本通知書到達から2日後に，あなたの土地を使用します」などと記載した通知書を，Bの登記簿上の住所宛に郵便で送ったところ，Bが転居しており，その転居先（遠隔地）に郵便が転送されて通知書がBに届いたケースを考えます（図14）。

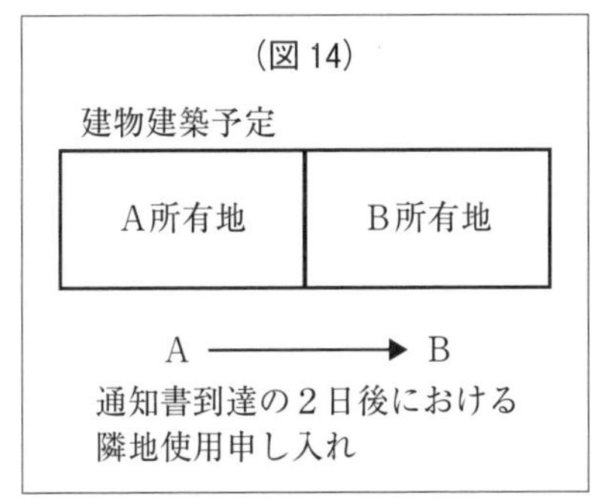

この場合，上記の権利説では，建物建築という目的のために隣地使用を申し入れているので，当然に通知の到達から2日後にはAが隣地を使用できることとなります。

しかし，これでは，遠隔地に住むBが，都合がつかないためにその日時に土地の使用立ち会うことができず，やむなくAの立ち入りを拒んだ場合も，その拒絶行為が違法行為に該当することになりかねません。

すなわち，この権利説では，連絡が取れる隣地所有者(B)に無理な日時に立ち会うことを強制することとなり，妥当とは言えません。

この点を，私どもが指摘したところ，政府の審議会でも議論が交わされました。そして，最終的には権利説に立ちつつも，隣地所有者の立ち会いの利益に配慮する方向で改正がまとまりました。

すなわち，新民法では，隣地使用の「日時」や場所及び方法が，隣地の所有者らにとって損害が最も少ない場合のみ，隣地使用ができる旨が規定されました（新209条1項のみならず2項も権利行使の要件です）。

この点，最も損害が少ない「日時」がいつかについては，Aが，隣地所有者

Ｂと実際に話し合ってみなければ分かりませんので，新民法のもとでも，隣地所有者Ｂに連絡が取れる場合は，Ｂとの交渉による解決が必須となると言えます。つまり，隣地所有者Ｂと連絡が取れる場合は，旧民法下の請求権説に基づく実務と同じように，Ｂの意向をもとに日時等を調整する必要があるのです。

逆に，隣地所有者らの所在が不明である場合には，使用の「日時」についての損害が最小限であることは，ほとんど問題になりません。その所在が不明である以上は，常識的な日時を選択すれば，その損害が最小限と言えるからです。

その意味で，この新民法の規定は，住居等の平穏を重視する旧法下の考え方を維持しつつも，隣地所有者らの所在が不明な場合に，合理的な範囲内で隣地使用権を認めるものと言えます。

(イ)　改正の内容はどうか？

まず，新民法は，次に掲げる①から③の目的のため，必要な範囲で隣地を使用できるとしました（209条１項）。

①　境界又はその付近における障壁（塀など），建物その他の工作物の築造，収去又は修繕

②　境界標の調査又は境界に関する測量

③　第233条第３項（後述(3)）の規定による枝の切取り

この点，①については，旧民法が「建物や障壁」の「築造又は修繕」の場合に限り隣地使用権を認めていたところ，これでは「その他の工作物（広告看板など）」や建物等の「収去」が含まれないため，それらを明示して隣地使用権の目的を拡張したのです。また，②の測量や③の竹木の枝の切り取りも，新たに隣地使用権の目的に加えました。

次に，新民法は，上記のとおり隣地使用の日時，場所及び方法が隣地所有者及び隣地を現に使用する者（以下，両者を合わせて「隣地所有者ら」という）にとって最も損害が少ないことを要求しました（同条２項）。

そうすると，新民法のもとで隣地所有者らの所在が不明な場合は，上記①から③の目的の実現に必要で，かつ，日時・場所・方法において合理的な範囲内で，隣地使用権が認められます。なお，境界杭などの境界標が現地で見当らない場合に地面を掘り起こすことは，必要かつ相当な範囲で認められますが，塀や建物の基礎を壊すことは，その所有者の同意なく行うことはできないと考え

ます（建物の基礎部分の無断取り壊しが認められないことについては，Q&A 改正民法 27 頁注 2 参照)。

また，新民法では，隣地使用の目的・日時・場所・方法について，原則として隣地所有者らに事前に通知する必要があります（同条 3 項本文)。この通知において，通知の到達日から使用開始日までの期間をどの程度とすべきかについては個別の事情に基づき検討されますが，境界測量や枝の切り取りなど隣地所有者の負担が比較的小さい場合には，基本的に 2 週間程度の期間を置けば足りるとされています（Q&A 改正民法 30 頁)。ただし，必要な調査を尽くしても隣地所有者らの所在が不明であるなど「あらかじめ通知することが困難」な場合は，通知は不要とされています（同項ただし書き)。この場合は，隣地所有者らの所在が判明したときに，事後的に通知すれば足ります。

問題は，Aが隣地所有者Bに対して催告をし，相当期間が経過したにもかかわらずBが応答しない場合に，Aに隣地使用権が発生するかですが，これは認められません。なぜなら，次に述べる「竹木の枝の切除」については，所有者から応答がない場合に切除の権利を認めた規定がある（新民法 233 条 3 項 1 号）ところ，隣地使用権についてはそのような規定がないからです。また，新民法では，「使用の日時」について損害が最も少なくなるようにするため，連絡が取れる（通知が届く）隣地所有者らとの交渉が必要となるので，催告に対して応答しないというだけでは，当然に隣地を使用できるものではありません。

そして，日本が法治国家である以上は，新民法のもとでも，隣地使用権の実現について自力救済（法的手続によらないで権利を実現すること）は認められません。したがって，たとえば，隣地所有者らと連絡が取れない場合であっても，少なくとも塀や門扉がある土地に建物建築や測量の必要があるなどとして勝手に立ち入ることはできません。ご注意ください(32)。

(32)　管理措置制度について

政府の審議会では，建物に瑕疵（かし）があることにより損害を受けるおそれのある者は，その損害発生を防止するための工事をする権利がある旨の規定を設けることも提案されていました（以下「管理措置制度」という。部会資料 56．5 頁)。

これは，建物の損壊などによって損害を受けるおそれのある土地所有者に，「修理や撤去工事をする権利がある」ことを認めるものであり，建物所有者の所在が不明な場合の対策の一つと言えます。

しかし，上記の「瑕疵」は多様な意味を持つ文言であり，民法（債権法）改正においては，その意味が分かりにくいことから廃止されています。そのような分かりにくい要件のもとに，隣地の建物の修理や撤去の工事をする権利があることを認めると，弊害もなお，新民法においても，旧民法と同様に，住家に立ち入る場合は居住者の承諾が必要とされます（新民法209条１項ただし書き）。これは，居住者のプライバシーを守る趣旨です。

⑶　越境した枝の切り取りについて

隣地の竹木の枝が境界線を越えてきた場合は，これまでも，土地の所有者が，その竹木の所有者に対し，枝の越境部分を切り取るよう請求することができました（旧民法233条１項）。

しかし，旧民法下では，竹木の所有者が越境した枝の切り取りに応じない場合には，土地の所有者が訴訟を提起して勝訴判決を得なければならないとされていました。これでは，竹木の所有者の所在などが不明な場合や緊急の場合などにおいても，常に訴訟を提起しなければならなくなります。

また，竹木の「根」が越境してきた場合は，従来から，これを切り取る権利が認められてきた（旧民法同条２項）こととのバランスも欠いていました。

そこで，新民法は，次の３つの場合には，土地の所有者が，越境した枝を切り取る権利がある旨の規定を設けました（233条３項）。

①　竹木の所有者に枝を切り取るよう催告したにもかかわらず，竹木の所有者が相当の期間内に切り取らない場合

②　竹木の所有者が誰か分からない又はその所在が不明な場合

③　急迫の事情がある場合（たとえば越境した枝が折れて自宅の屋根などに落ちてきて建物を壊す危険があるなど）

すなわち，上記①では，隣地使用権と異なり，相当期間を定めた催告に対して応答がない場合に枝の切り取りを認めています。

また，その竹木が数人（２人以上で足りる）の共有に属するときは，各共有者が単独で越境した枝を切り取ることができます（同条２項）。したがって，越境された側の土地の所有者は，竹木の共有者の１人から枝の切除について承諾及び委託を受けて枝を切除することができます（Q&A 改正民法53頁参照）。

ちなみに，隣地を使用しなければ越境した部分を切り取ることができない場

大きくなります。たとえば，私人が「隣家に瑕疵がある」などと勝手に判断して建物撤去の工事を行うなどの違法行為をするおそれがあります。

これについても，私どもが問題点を指摘をして再検討を求めたところ，審議会で議論がされ，最終的には導入が見送られた次第です（部会資料62－2．1頁）。

合は，上記(2)の隣地使用権の規定（新民法209条1項3号）によって立ち入るほかはありませんので，別途にその要件を満たす必要があります。

(4)　他人の土地へのライフライン設置権等について

旧民法下では，私道などの他人の土地に，水道管・ガス管などのライフラインを設置等することができるか否かについて，特に規定がありませんでした。

そのため，慎重を期す観点から，その土地の所有者の承諾を得てライフラインの設置が行われており，その所有者がこれを拒否した場合は，設置ができないとされてきました。なお，下水道法11条には，一定の場合に承諾がなくても下水道の設置等ができるとの規定がありましたが，あくまで例外規定とされていました。

しかし，水道管・ガス管などの生活や事業に必要不可欠なライフラインについては，このような結果は妥当でないと思われます。最高裁も，「他人の設置した給排水管を使用しなければ公共の配管に給排水ができない場合は，原則として他人の給排水管を使用することができる」旨を判示しています[(33)]。

そこで，新民法は，土地の所有者が，「電気，ガス又は水道水の供給その他これらに類する継続的給付」を受けるため必要な範囲で，他人の所有地に設備（配管など）を設置する権利を認めました（213条の2第1項）。また，他人が所有する設備（配管等）に自己の所有する配管等をつなげるなどの他人の設備を使用する権利も認めました（同項）。ただし，この権利は，他人の所有地に対し，配管等を埋めるなどして長期に渡る負担を課すものです。したがって，本条の「これに類する継続的給付」は，あくまでライフラインすなわち「日常生活や事業にとって必要不可欠なもの」に限るのが妥当です。

また，配管等の設置の「場所及び方法」は，他人の所有地等にとって損害が最も少ないものである必要があります（同条2項）。

たとえば，Aが購入した土地に，公道の水道本管から水道管を引くためには，隣接するBの住宅敷地に最短コースで配管を設置する方がコストがかからずAに好都合な場合があります。その場合でも，Aが「私道に配管を設置して水道本管につなげることができる」ときは，Aは私道に配管を設置しなければなりません。なぜなら，他人の住宅地に配管を通す場合は，その宅地の価値がその

---

(33)　最判平成14年10月15日・裁判集民法事56巻8号1791頁。

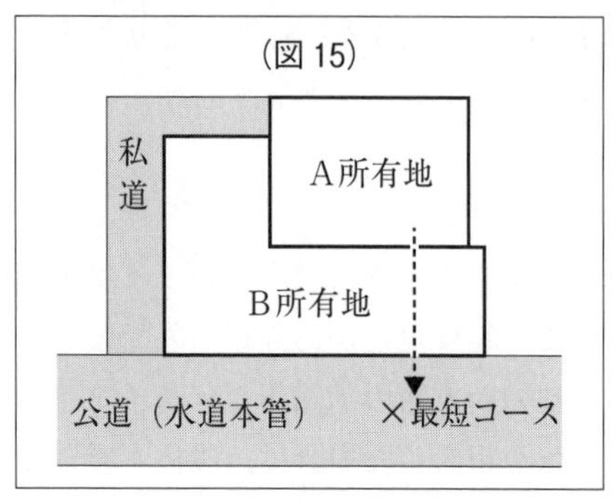

限度で減少するおそれがあり損害が最少とは言えないからです（図15）。

では，私道にも接していない袋地の場合は，他人の住宅地において自由に場所を選んで配管を通すことができるかが問題となります。しかし，これも通常は認められません。なぜなら，私道にすら接していない袋地の場合は，「囲繞地（いにょうち）通行権」という「他人の土地を通行する権利」が認められるのが通常であり（民法210条，211条），原則としてその権利の範囲内の土地に配管を設置するのでなければ，所有者の損害が最小とはならないからです。

なお，土地の分割（分筆）や一部譲渡によって囲繞地が生じた場合も，その分割をした者や譲渡人の土地に配管等を設置しなければなりません（新民法213条の3）。これも，囲繞地が生じたことにかかわっていない他人の土地に配管等を設置することは，与える損害が最少とは言えないという考え方に基づきます。

ただし，私道などを，売買等により第三者から取得する場合には，将来において配管等が設置されるという負担が生じないかを，事前にチェックする必要があります。

また，このような他人の所有地への配管等の設置や他人の配管等の使用に当たっては，その所有者と使用者（現に使用している者）に対して，あらかじめ「使用の目的・場所・方法」を通知する必要があります（同条3項）。この通知において，通知の到達日から実際のライフライン設置や設備の使用開始までの期間をどの程度とすべきかについては，個別の事情に基づき検討されますが，基本的には2週間から1カ月程度の期間を置く必要があるとされています（Q&A改正民法39頁）。

この通知については，隣地使用権の場合のような「あらかじめ通知することが困難なときは通知は不要とする」旨の規定がありません。したがって，所有者の所在が不明である場合は，公示による意思表示（民法98条）の方法によって通知を到達させなければなりません。この点が，隣地使用権の場合（新民法209条第3項ただし書き）と異なりますが，これは配管等を設置することにより継続的に所有者に影響が及ぶことから，手続を厳重にする必要があるからです。

さらに，この配管の設置や設備の使用によって他人に損害を与えた場合は，設置者は，償金を支払わなければなりません（新民法213条の2第5項）。たとえば，他人の配水管を利用する場合は，利用料相当額の償金を支払う必要があります。なお，その利用料は1年ごとに支払うことができます。ちなみに，土地の分割により他の分割者の土地に設備を設ける場合は，償金の支払は不要です（新民法213条の3第1項）。

なお，他人の配管を使用する場合は，その利益を受ける割合に応じて，その配管の維持費や改修費を支払う必要があります（新民法213条の2第7項）。

ちなみに，これらの設備を設置・使用するために他人の土地に立ち入る場合は，上記⑵の隣地使用権の規定に従う必要があります（同条4項）。すなわち，立ち入りの日時・場所・方法について，その土地の所有者（連絡が取れる場合）らと協議しなければならず，住家については居住者の同意がなければ立ち入ることができません。

6　新民法（所有権ルール）の適用と経過措置について

所有権ルールに関する新民法の規定は，公布日から2年以内において政令で定める日（2023年4月1日）から施行され，全面的に効力を持ちます（新民法附則1条）。

問題は，施行日前に取得した所有権や発生した共有関係・相隣関係などについても，新民法が適用されるかです。

この点，一般には法律の不遡及（ふそきゅう）の原則があり，旧民法下で行われた行為や発生した事実などについて，さかのぼって新民法を適用しないのが原則です。これは，これまで適法あるいは法律に適合するとされた行為が，後から成立した法律によって違法あるいは不適合とされることを防ぎ，市民の予測可能性を守るためです。

しかし，今回の改正は所有者不明土地の解消や発生予防のためのものであり，むしろ全体としては市民の権利や利益を守る方向のものです。

また，所有者不明土地の解消等のために合理的な改正がされた以上は，できる限り速やかに新民法を適用する必要があります。

そこで，今回の改正では，2015年の契約ルールや2017年相続ルールの改正とは異なり，施行日前に取得した所有権や発生した共有関係・相隣関係についても，施行日から直ちに新民法が適用されます。

ただし，一部の相続ルールの新民法の規定については，そのまま適用することによる不都合が生じることから，附則において経過規定が設けられています。詳しくは，第２章の６で述べます。

第3章

2021年の相続ルール改正のポイント

＊ 本章においては2018年相続ルール改正法を「18年新民法」と表示し，2021年相続ルール改正法を単に「新民法」と表示します。

1 なぜ改正されたか？

すでに述べたように，登記簿上の所有者不明土地が生じる原因の大半は，相続登記がされないまま放置されていることにあります。

特に，共同相続人がいる場合に，どの相続財産を誰が取得するかについては，相続人間での遺産分割協議による確定が必要なところ，特別受益（生前贈与など）や寄与分が主要な争点となって協議が難航するケースが散見されます。そのため，遺産分割がされない（したがって相続登記もされない）まま，放置される土地が生じているのです。

そこで，民法においても，登記簿上の所有者不明土地の発生を防止する観点から，遺産分割協議を促す制度を設けることが課題となりました。また，共同相続人の一部の所在が不明なときに，円滑に遺産共有関係を解消する制度を設けることも検討されました。

以下において，前提となる事柄も含めて順次に解説します。

2 遺産共有と通常共有との違いは何か？

(1) 遺産共有に対する通常共有の規定の適用

遺産共有とは，共同相続などにより「遺産が共有状態となっている」ことを言います。

この遺産共有と，民法249条以下の通常の共有（第2章4参照）との違いについては，色々な見解があります。この点，判例は，一貫して「遺産共有も，通常共有と性質を異にするものではない」旨を述べています[(1)]。

---

(1) 最判昭和30年5月31日民集9巻6号793頁参照。もっとも，遺産共有と通常共有とでは重要な違いもありますので，その点は後述（本章2(2)）します。

つまり，この考え方によれば，遺産共有と通常共有は基本的に同じ性質を持つこととなります。

また，共同相続人は，個々の遺産の共有持分を譲渡することができ（民法909条ただし書き参照），判例も「遺産を構成する特定不動産について同人の有する共有持分権を譲り受けた第三者」は，相続人に対して共有物分割請求訴訟を提起できることを認めており，通常共有の規定により遺産共有の解消ができる余地があります(2)。

そのようなことから，まずは新民法の共有物の保存・管理・変更の規定が，遺産共有物に適用されます。以下，具体的に述べます。

① 遺産共有物の使用について

遺産共有の場合も，通常共有と同様に，相続人は自己の持分の範囲内で相続財産を利用することができます（民法249条１項）。

また，相続人が自己の持分を超える部分を使用した場合は，特別の合意がない限り，超過部分の使用について他の相続人に対価を支払わなければなりません（新民法同条２項(3)）。

もっとも，その場合の持分とは何かが問題となります。これについて新民法は，「相続財産について共有に関する規定を適用するとき」は，法定相続分（民法900条，901条）または指定相続分（902条。遺言により指定された相続分のこと）をもって，各相続人の共有持分とする旨を規定しました（898条２項）。

ちなみに，「相続人が相続財産全体について持分を有するものの，個々の財産について持分を持たない」とする考え方（合有説といいます）もありますが，通説にはなっていません。

(2) 最判昭和50年11月７日民集29巻10号1525頁。

(3) たとえば，夫が死亡し，その自宅の土地建物を妻のＡと息子のＢ・Ｃが共同相続し，Ａがそのまま自宅に単独で無償で住み続ける場合も，民法249条以下の通常共有の規定が適用されます。

この場合，Ａ・Ｂ・Ｃ間で「配偶者Ａが無償で使用する」ことを黙示に合意しているとされることがあります。たとえば，Ａが長期間に渡って無償で住み続け，ＢとＣが特に異議を述べなかった場合は，ＢとＣが，その後にＡに対して，自宅の土地建物のうちＡの法定相続分（２分の１）を超える部分について対価の支払いを請求してきても，Ａはこれを拒むことができます。なぜなら，Ａ・Ｂ・Ｃ間で，Ａが無償で使用することについて黙示の合意がされているからです（配偶者居住権については，第７章参照）。

②　遺産共有物の管理について

遺産共有物の使用その他の管理に関する事項も，通常共有物と同様に，相続人の持分に従いその過半数の同意により決めることができます（新民法252条）。

③　遺産共有物の変更について

遺産共有物の変更（相続した農地を宅地に変えるなど）も，通常共有物と同様に，相続人全員の同意により行うことができます（新民法251条1項）。

ただし，軽微な変更（砂利敷きの遺産共有の私道を，アスファルト舗装に変えるなど）については，過半数の同意があれば行うことができます（同条1項かっこ書き）。

なお，複数人が所有権以外の財産権を有することを準共有といいますが，これには通常共有の規定が準用されます（新民法264条）。そうすると，共同相続した所有権以外の財産権にも準共有の規定が適用され，その結果，通常共有の規定が準用されます（持分は法定相続分等による）。

たとえば，株式を共同相続した場合は準共有の規定が適用され，その結果，民法249条以下の共有の保存・管理・変更の規定が準用されます。そして，相続人間で株主の権利の行使者を定めることは管理行為とされますので，共同相続人の過半数の同意により選任された者が，権利の行使者となります[(4)]。

ただし，これに対しては「共同相続株式の権利行使者の決定には共有者全員の同意を要する」とする有力な反対説があります（江頭憲治郎「株式会社法（第7版）」有斐閣123頁）。詳しくは，第8章1で述べます。

⑵　遺産共有の特殊性は何か？

ところで，遺産共有物については，相続人は，原則として共有物分割の手続を行うことができません（新民法258条の2第1項）。なぜなら，遺産共有を解消するための制度としては，民法上，別途に「遺産分割」の手続（民法906条以下）があるからです。

すなわち，遺産分割は，遺産を一定の基準に基づいて分割する手続です。その一定の基準には，法律で割合が定まっている法定相続分と遺言で相続分を指定する指定相続分があります。

---

(4)　最判平成27年2月19日民集69巻1号25頁。

たとえば，Ａが死亡し，妻Ｂと子供のＣ・Ｄが相続人となった場合を考えると，法定相続分では妻Ｂの相続分は２分の１，子供ＣとＤの相続分はそれぞれ４分の１となります（民法900条）。また，指定相続分の場合（たとえば，遺言で，Ｂ・Ｃ・Ｄの相続分の比率を３・２・１としている場合）は，遺言者の指定したとおりの相続分となります。もっとも，実際には遺言で相続分を指定する例は多くはありませんので，本章においては，両者を合わせて「法定相続分等」と表示します。

そして，遺産分割においては，相続財産額に法定相続分等の割合を乗じて算出した額がそのまま相続分額となるわけではなく，生前贈与などの特別受益や寄与分が考慮されて，実際の相続分が決まります。

(i)　特別受益について

すなわち，まず，相続人の一部に対する生前贈与がある場合は，その贈与額を考慮して相続財産額を算出することになります。

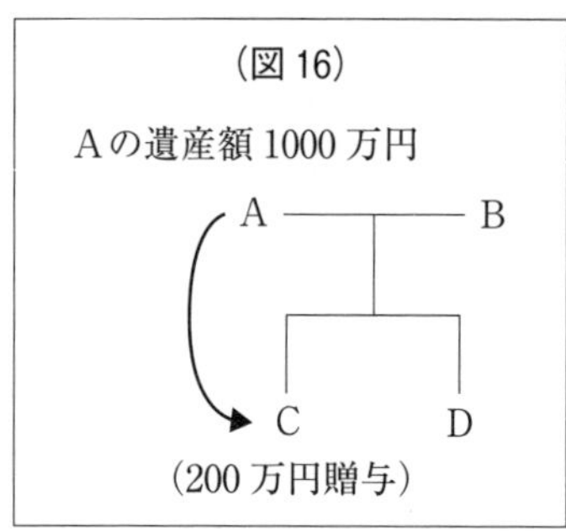

たとえば，Ａが死亡して妻Ｂと子供Ｃ・Ｄが相続した場合に，Ａの遺産として預金が1000万円あり，その他にＡが生前に子供Ｃに対して生計の援助として200万円を贈与（生前贈与）していたときはどうなるかを考えます（図16）。なお，その他に遺産はなく，かつ，遺言もないものとします。

このときには，死亡時の財産額1000万円に生前贈与額200万円を加えて，相続財産を1200万円とみなします（このように相続財産額に，贈与額を計算上戻すことを「持戻し」といいます）。そして，これを法定相続分（妻１／２・子は各１／４）に従って分配した額の中から，子供Ｃについては生前贈与額200万円を差し引いて相続分額を算出します。そうすると，Ｃの相続額は100万円となり（1200万円×１／４－200万円），実際の取得額は生前贈与額（200万円）と合わせて計300万円となります。つまり，Ｃについては，生前贈与があってもなくても最終的な取得額（300万円）は変わりがありません。

これに対し，妻は600万円（1200×１／２）を，子供Ｄが300万円（1200万円×１／４）を，それぞれ取得することになります（以上については，18年新民法903条２項参照）。

この生前贈与による特別な受益を，民法は「特別受益」と定義し，特別受益分を相続財産に持ち戻して計算することを認めています。

しかし，このことから分かるように，この制度は，実際には妻Bや子供Dなどの「特別受益を得られなかった相続人」の利益を図る制度です(5)。

(ii)　寄与分について

次に，寄与分というものもあり，これについても民法は遺産分割において配慮する規定を設けています（民法 904 条の 2）。

たとえば，先ほどの例で，Aが個人で事業を行っており，子供CがAの事業について無償で労務の提供をした場合を考えます（図 17。ただし，遺言がないとします）。

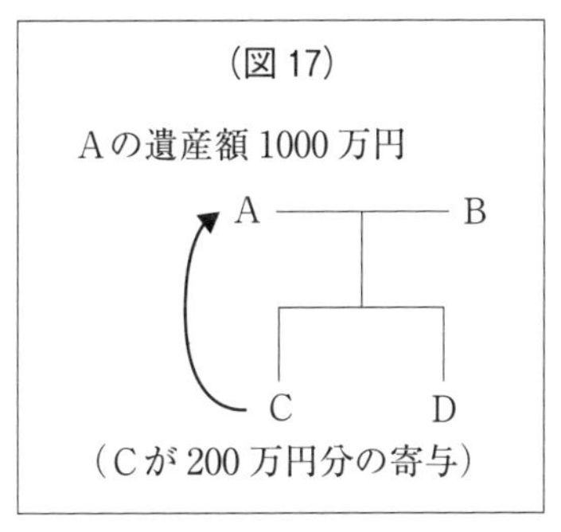

このような労務提供により，Aの財産額が 200 万円分増加して「特別な寄与」があったと認められる場合は，Cの寄与分として 200 万円が認められます。

この寄与分の場合は，Aの死亡時の財産額（1000 万円）から寄与分額（200 万円）を差し引いたものを相続財産とみなし，Cについては，これに法定相続分割合を乗じて算定した額に寄与分額を加えたものを，実際の相続分額とします。

つまり，相続財産額は 800 万円（1000 万円－200 万円）とされ，これに法定相続分割合（妻 1／2・子は各 1／4）を乗じた額をもとに，Cについては寄与分額（200 万円）を加えた計 400 万円が，Cの実際の相続分額となります。

したがって，Cの相続額がDの相続額（200 万円）よりも多くなるので，この制度は寄与をした相続人の利益を考慮したものと言えます。

以下においては，この寄与分と特別受益とを合わせて，「寄与分等」と呼びますが，遺産分割において寄与分等の主張があると，それが果たして認められ

(5)　なお，被相続人が，特別受益について上記の持戻しを免除する旨の意思を表示した場合は，その意思を尊重し，持戻しをしないで相続分額を計算することとなります（18 年新民法 903 条 2 項）。

ちなみに，婚姻期間が 20 年以上の夫婦間で居住用建物及び敷地について遺贈や生前贈与をしたときは，持戻し免除の意思が推定されます。これは，2018 年の相続ルール改正により規定されましたので，第 7 章の 2(1)で解説します。

るか否か及びその金額がいくらかを巡って，相続人間の協議が紛糾する例が多く見られます。そこで，下記(3)で述べるとおり新民法は，遺産分割を促進するために「相続開始から一定期間経過後は，寄与分等の主張ができない」としました（904条の3本文）。

そうすると，逆に言えば，遺産共有の場合には相続開始から一定期間内は「遺産」分割により共有関係を解消すべであり，この間においては寄与分等を考慮しない手続である「共有物」分割をすることができないこととなります（新民法258条の2第1項）。

つまり，遺産共有と通常共有とは，その性質において基本的な違いはないものの，少くとも相続開始から一定期間内は分割の仕方において違いがあることになります。

(3) 遺産分割の原則と特則は何か？

上記のとおり土地については，遺産分割協議が紛糾して放置され所有者不明土地となっている例が散見されます。

そこで，今回の改正の議論の当初においては，遺産分割ができる期間を相続開始から一定期間（3年・5年・10年）で制限することが提案されました（部会資料5. 2頁）。以下この提案を，「遺産分割の期間制限」と言います。

この提案では，相続開始から一定期間が経過したときは，もはや遺産分割ができないこととなり，その時点で「遺産共有から通常共有に変わる」とするのが理論的に一貫します（一定期間経過後も遺産であることに変わりがないとの意見もありましたが複雑になるため，説明は省略します）。そうすると，この立場では，一定期間経過後は寄与分等を考慮する必要はありません。

しかし，これに対しては，相続人の「意思に基づく分割」を重視する立場から，遺産分割については一切の期間制限をすべきではない旨の強い反対意見が出されました。この反対が出たことから，「遺産分割の期間制限」という考え方は採用されず，「相続開始から10年が経過することにより寄与分等の主張ができなくなる」という規定を設けることで妥協が図られました。

すなわち，寄与分等を永久に主張できるとするのは，他の制度との関係から妥当とは言えません。たとえば，債権は「客観的起算点から10年」で時効消滅し（民法166条1項2号），後に述べる遺留分侵害額請求権は「相続開始から10年」という期間制限を受けます（18年新民法1048条）。つまり，民法においては，所有権以外の権利や利益の主張は，永久にはできないのです。

そこで，新民法は，相続開始から10年が経過したときは，基本的に寄与分等の主張ができなくなるとしました（904条の3）。以下，この考え方を「寄与分等の主張制限」と言います。

ただし，この寄与分等の主張制限については，新民法では次のような例外が定められています。すなわち，次の①と②の場合には，相続開始から10年が経過しても依然として寄与分等を主張することが可能となっています。

①　相続開始から10年が経過する前に，相続人が家庭裁判所に遺産分割の調停や審判の申し立てをした場合（904条の3第1号）

　この場合に，当事者は，調停等において寄与分等の主張をするのが通常であるところ，調停や審判中に相続開始から10年が経過すれば「直ちに寄与分等の主張ができなくなる」とするのは一種の不意打ちとなることから例外とされました。

　なお，上記の調停等を申し立てた者が，相続開始から10年経過後にこれを取り下げる場合は，新法下では相手方の同意を必要とします（新家事手続法199条2項，同法273条2項）。なぜなら，相続人の一方から調停等が申し立てられた場合は，相手方も調停等において寄与分等の主張を予定するのが通常であるところ，10年経過後の調停取下げにより直ちに寄与分等の主張ができなくなるとするのは不当であるからです。

②　相続開始から10年の期間が満了する前6カ月以内において，遺産分割の調停等を申し立てることができない「やむを得ない事由」があり，かつ，その事由が終了した時から6カ月を経過する前に，遺産分割の調停等を申し立てた場合（新民法904条の3第2号）

　この「やむを得ない事由」とは，「客観的な状況から見ておよそ遺産分割の請求（調停等の申立て）をすることが期待できない場合」を言います。

　たとえば，相続人間で，5年を超えない範囲内での「遺産分割の禁止」の合意をすることができ（民法256条1項参照），これを合意で更新して合計10年間は遺産分割を禁止することも可能です（同条2項参照。ただし，相続開始から10年を超えることはできない。新民法908条2項）。その場合，相続開始から10年間は遺産分割の請求をすることができないので，このような場合は，「やむを得ない事由」があることとなります(6)。

なお，寄与分等の主張制限の考え方では，遺産共有が通常共有に変わることはなく，その期間経過後においても「遺産」分割により共有関係を解消することになります。

こうして，新民法では，相続開始から10年経過後は，寄与分等を考慮することなく法定相続分等による遺産分割ができることとなりました。その限度で，遺産分割が促進されると思われます。

注意すべきであるのは，この904条の3が，後述（本章5）のとおり原則として「新民法の施行日前に開始した相続」にも適用されることです（民法附則3条。ただし，本章5で述べる経過措置があります。)。すなわち，すでに発生した相続であっても，相続開始から10年経過後は遺産共有持分の価額を法定相続分の割合で算定できるのです。したがって，所在などが不明な相続人の不動産持分については，「持分の一方的取得」（新民法262条の2）や「持分の一方的譲渡」（新民法262条の3）が可能となり，その範囲で遺産共有関係の解消が促進されます。この点でも，寄与分等の主張制限を認めた新民法の規定に大きな意味があるのです。

⑷　遺産共有と通常共有が併存する場合はどうか？

ところで，新民法は，遺産共有と通常共有が併存する場合について，新たに規定を設けました（258条の2第2項)。

（図18）

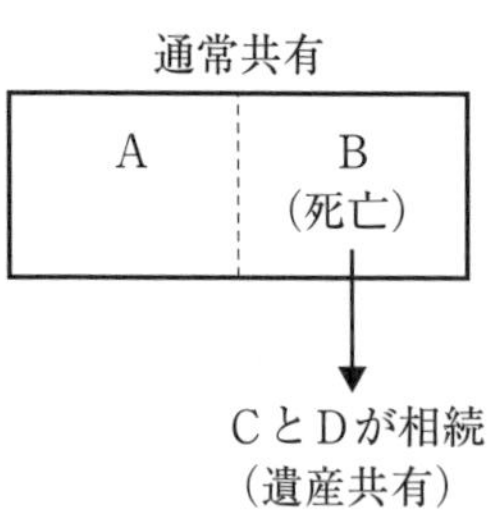

通常共有

A

B
（死亡）

ＣとＤが相続
（遺産共有）

たとえば，ＡとＢが土地を通常共有していたところ，Ｂが死亡してＣとＤが相続（遺産共有）した場合は，通常共有と遺産共有が併存していることになります（図18）。この場合，旧民法下では，まずはＣとＤが遺産分割をして相続人を確定し，これによりＣが相続人となったときは，Ａとの間で共有物分割をする必要があるとされていました。

(6)　なお，遺言または家庭裁判所の審判により，5年以内の期間で遺産分割を禁止することもできます（民法908条1項，新民法908条4項）。ただし，後者の場合はさらに5年以内の期間を定めて期間を更新することができますが，相続開始から10年を超えることはできません（同条5項）。

しかし，これでは遺産分割と共有物分割の二度の分割手続をしなければならず，不便でした。

そこで，新民法は，通常共有と遺産共有が併存している場合に，相続開始から10年が経過したときは，共有物分割の手続により，遺産共有関係をも解消できるとしたのです（Q&A改正民法114頁注3参照）。すなわち，Aが，CとDに対して共有物分割請求訴訟を提起して，遺産共有及び通常共有の関係を一挙に解消することができます。なぜなら新民法では，相続開始から10年が経過したときは，CとDの相続分を法定相続分等の割合で確定できるからです（904条の3）(7)。

ただし，この場合に，CまたはDが遺産共有物（Bの持分）について遺産分割の請求をし，かつ，Aの共有物分割請求訴訟に対して異議の申出をしたときは，Aがこの一挙解決をすることはできません（新民法258条の2第2項ただし書）。この場合は，遺産分割により解決するのが妥当であるからです。

なお，この異議の申出は，共有物分割の訴状送達から2カ月以内に，その裁判所（共有物分割の審理をする裁判所）にしなければなりません（同条3項）。このような異議が出た場合は，従前どおり二度の分割手続を経る必要があります。

そして，この規定は，新法施行日前に通常共有と遺産共有の併存が生じた場合にも適用されます。そうすると，上記の例において，Bの相続開始から10年が経過した後に新法が施行されたときは，Aは，C及びDに対し，ただちに共有物分割の申立てができることとなります。

もっとも，Cがこれに反対する場合は，Dに対する遺産分割請求をした上で，Aの共有物分割請求の訴状到達日から2カ月以内に異議を申し出ることができます。

こうして，Aは「遺産共有物についての共有物分割請求」を新法施行日から直ちに主張できるところ，CまたはDは，共有物分割請求の訴状送達日からかから2カ月以内に上記の異議申立てをすることができるので，新法の遡及適用による不利益を回避することができます(8)。

---

(7)　なお，共有物分割の場合は，後に述べる配偶者居住権（新1028条）が認められません。配偶者居住権は，遺贈（遺言による贈与）又は遺産分割によってのみ取得が認められるからです。

(8)　なお，最高裁は，通常共有と遺産共有とが併存する場合に，共有物分割請求訴訟により，一方当事者(A)が財産全体を取得しつつ他方当事者ら（CないしD）に対し価格賠償をすること，及びその賠償金については他方の当事者ら（CとD）間の遺産分割に

⑸　所在不明の相続人がいる場合の遺産（不動産）共有関係の解消について

㈠　遺産共有持分の一方的取得

旧法下では，不動産や不動産を使用・収益する権利についての共同相続において，所在が不明な相続人がいる場合は，不在者財産管理人を選任し，その管理人との間で遺産分割をするほかありませんでした。

しかし，これでは，不在者財産管理人選任の手間とコストがかかることから，所在が不明な相続人がいる場合は，遺産分割がされないまま放置される例がありました。

これに対し，新民法は，上記⑶のとおり「相続開始から10年が経過したときは，原則として寄与分等の主張ができない」旨を規定しました（904条の3）。そうすると，この寄与分等の主張ができない以上は，法定相続分等をもとに所在等不明者の相続分を確定できますので，その持分の一方的取得の規定が適用可能となります（新民法262条の2。なお第3項参照）。

すなわち，共同相続した不動産の価額に，所在等不明者の法定相続分等の割合を乗ずれば，その相続分額を算出できるので，その額の金銭を供託することにより，相続持分を一方的に取得することができます。

ただし，その不動産について遺産分割の請求がされ，かつ，持分の一方的取得について異議の申出がされた場合は，これは認められません。この場合は，遺産分割によって解決すべきであるからです（新民法262条の2第2項）。この点の詳細は，第2章4⑹で述べたとおりです。

㈡　遺産共有持分の一方的譲渡

また，不動産や不動産を使用・収益する権利について相続開始から10年が経過したときは，所在などが不明な相続人の持分について，一方的譲渡の規定（新民法262条の3）が適用されます。

すなわち，他の相続人は，裁判所に対して，所在等不明者の不動産について

より処理することができる旨を判示しています（最判平成25年11月29日民集67巻8号1736頁）。

この判例は，新民法において否定されていませんので，上記の併存型の場合は，相続開始から10年経過以前でも，Ａは共有物分割訴訟をＣ及びＤを相手に提起し，価格賠償の方法によって土地全体を取得することが可能です（Ａが支払った賠償額について，ＣとＤとの間で遺産分割することになり，寄与分等の主張も可能である点で，新民法258条の2第2項とは異なります）。

の相続持分を，他の相続人の相続持分と一緒に第三者に譲渡する旨の申立てをすることができます。

この点の詳細は，第2章4(6)で述べたとおりとなります。

3　相続財産の管理・清算

旧民法下の相続財産の管理制度は，いわば断片的な制度であり，その意味での不備がありました。

すなわち，相続が開始すると，相続人は3カ月間は相続の承認をするか放棄をするかを検討することができ，その期間内であれば，相続財産の管理人を選任することができました（旧民法918条2項）。

しかし，その期間中に，相続放棄または限定承認（債務支払後にプラスの財産が残った場合に限り相続する旨の承認）をしないと，当然に相続を承認したものとみなされます（民法921条2号）。したがって，その期間以降は，原則として管理人の選任ができませんでした[(9)]。

そうすると，旧民法下では，たとえば相続財産である土地に樹木が生い茂ったために隣地所有者に損害を与えたなどの場合に，相続を承認した又は承認したとみなされた共同相続人が互いに管理の責任を押し付け合い，樹木の伐採などの管理行為をしないまま放置することがありました。これでは，管理不全の土地が生じてしまいます。

そこで，新民法は，家庭裁判所が，利害関係人または検察官の請求によって，いつでも相続財産を保存するための財産管理人を選任できるとしました（897条の2第1項）。つまり，このような土地については，上記の3カ月の期間経過後であっても，隣地所有者などの利害関係人が相続財産管理人の選任を裁判所に申し立てることにより，管理人による管理をしてもらうことができるのです。

ただし，相続人が1人でありその者が相続の承認をしたとき（承認したとみなされた場合も含む），または，相続人が数人ある場合に遺産の全部の分割がされたとき，あるいは民法952条1項により相続財産の清算人が選任されている

(9)　ちなみに，旧民法では，限定承認がされた場合（旧民法926条2項）や相続人のあることが明らかでない場合（旧民法951条），さらには相続放棄がされて次の順位の相続人が相続財産の管理を始めるまでの間（旧民法940条2項）においても，相続財産管理人を選任することができました。いずれにしても断片的な制度です。

ときは，その相続人または清算人が相続財産の管理をすべきです。したがって，このような場合は相続財産管理人を選任することはできません（同項ただし書）。

また，選任された管理人は，相続財産の保存行為並びに相続財産の性質を変えない範囲内における利用・改良行為をすることができます（新民法897条の2第2項，民法28条及び103条）。なお，相続財産の処分などの管理人の権限外の行為についても裁判所の許可を得て行うことができます（民法28条）。ただし，相続財産の管理人は相続財産を保全するために選任される者であることから，基本的には相続財産の一部を売却することは想定されていません。もっとも，たとえば，相続税を期限内に支払うためには，相続財産である不動産を一部売却し，その代金をもって支払う他ない場合は，管理人は裁判所の許可を得てその不動産を売却できる場合があると思われます。

ちなみに，相続財産である土地が，管理不全土地に該当する場合は，利害関係人は，第2章3で述べた管理不全土地管理人の選任を請求することができます（新民法264条の9）。管理不全建物についても，同様です（同条の14）。

また，相続人のあることが明らかでない場合に，相続財産を清算するために管理人が選任されます（新民法952条）。ただし，その管理人は，相続財産を金銭に換え，債権者に弁済するなどの財産の清算手続を行いますので，新民法においては相続財産「清算人」に変わりました。そうすると，相続財産管理人が，将来において相続財産が管理不全になることを防ぐために相続財産の清算をすべきと考える場合は，管理人自らが相続財産清算人の選任申立を行うことが可能です（Q&A改正民法232頁注2）。

4　その他の改正

⑴　所在不明の相続人がいる場合における遺産（不動産）の管理制度

土地が遺産共有されている場合に，相続人全員の所在を知ることができないときは，その土地全体について所有者不明土地管理人を選任することができます（新民法264条の2）。

また，一部の相続人の所在などが不明な場合は，その相続人の持分について，所有者不明土地管理人を選任することができます（同条1項かっこ書き）。なぜなら，遺産共有物は，基本的には通常共有物と性質が同じとされるからです（本章2⑴。判例同旨）。

ただし，その管理人は，相続人との間で遺産分割をすることはできません。なぜなら，この管理人は，相続人の地位に由来する遺産分割の権限を有しないからです（部会資料33．12頁）。また，相続開始後10年が経過した場合も，遺産分割が行われることには変わりがないので，やはり所有者不明土地管理人との間では遺産分割をすることはできません。

したがって，遺産分割をする場合は，所在が不明な相続人について不在者財産管理人の選任を申立てるほかはありません。

ただし，遺産共有と通常共有とが併存する場合（本章2⑷）は，例外的に共有物分割により遺産共有関係を解消することができますので，この場合は上記の管理人に対して共有物分割請求ができます。

ちなみに，以上の点は，遺産共有建物について所有者不明建物管理人を選任する場合も，同様です。

⑵　遺産共有の不動産の管理が不十分な場合の管理制度

次に，土地が遺産共有されている場合に，その土地の管理が不適当となっているときは，その土地について管理不全土地管理人を選任することができます（新民法264条の9）。

これに対し，共同相続した土地を現に利用している相続人の土地管理が不適当である場合に，その相続人の持分についてのみ管理不全土地管理人を選任することはできません。なぜなら，そもそも共有持分について管理不全土地管理人を選任することができないので，遺産共有持分についても管理人選任の申立てをすることができないからです。

なお，上記の点は，遺産共有建物について管理不全建物管理人を選任する場合も同じです。

⑶　遺産共有のマンションについて

遺産共有されている区分所有建物については，新民法264条の8の適用がされません。したがって，現状では，所在が不明な相続人の持分について建物管理人を選任することはできません（新区分所有法6条4項）。なお，区分所有法については，別途に改正が検討されています。管理不全建物の管理人の選任も同様です。

5　新民法（相続ルール）に関する経過措置について

新民法（相続ルール）は，公布日から２年以内において政令で定める日（2023年４月１日）から施行されます（新民法附則１条）。

問題は，施行日前に開始した相続について，新民法が適用されるかです。

結論から言えば，これは肯定されます。なぜなら，今回の改正は所有者不明土地問題の解消や発生予防のためのものであり，むしろ全体としては市民の権利や利益を守る方向のものであるからです。このことは，新民法附則３条第１文で注意的に明らかにされています。

ただし，施行日において相続開始から10年が経過している場合に，寄与分等の主張を制限する新民法の規定（904条の3）がただちに適用されるとするのは妥当ではありません。なぜなら，施行と同時に，相続人の寄与分等の主張の機会が奪われることになるからです。

そこで，経過措置（新法適用による不利益を回避する措置）が設けられ，「相続開始から10年が経過する時，又は施行の時から５年を経過する時のいずれか遅い時まで」に家庭裁判所に遺産分割の請求がされたときは，寄与分等の主張ができるとされました（新民法附則３条の第２文）。

具体的には，次のとおりです。

①　施行日に，すでに「相続開始から10年」が経過している場合は，施行日から５年が経過するまでの間に家庭裁判所に遺産分割の請求をすれば，寄与分等の主張が可能です（図19）。

（図19）

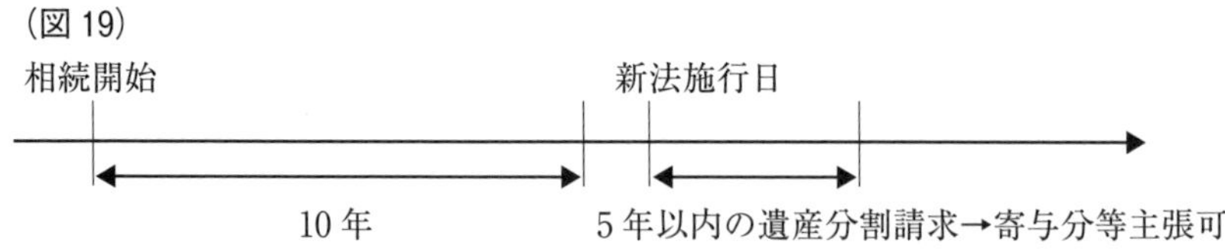

②　施行日から５年以内に，「相続開始から10年」の期間が満了する場合は，施行日から５年以内に家庭裁判所に遺産分割の請求をすれば，寄与分等の主張が可能です（図20）。

（図 20）

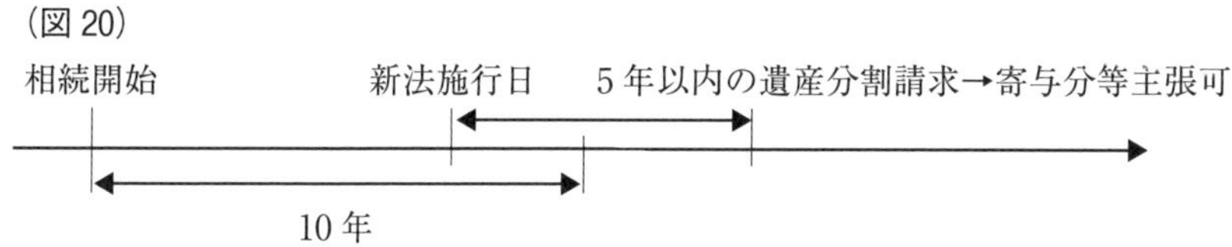

③　施行日より 5 年前以内に相続が開始した場合は，「相続開始から 10 年以内」に家庭裁判所に遺産分割の請求をすれば，寄与分等の主張をすることが可能です。なぜなら，相続開始から 10 年が経過するか，または施行日から 5 年が経過するかの，いずれか「遅い時」とされているからです（図 21）。

（図 21）

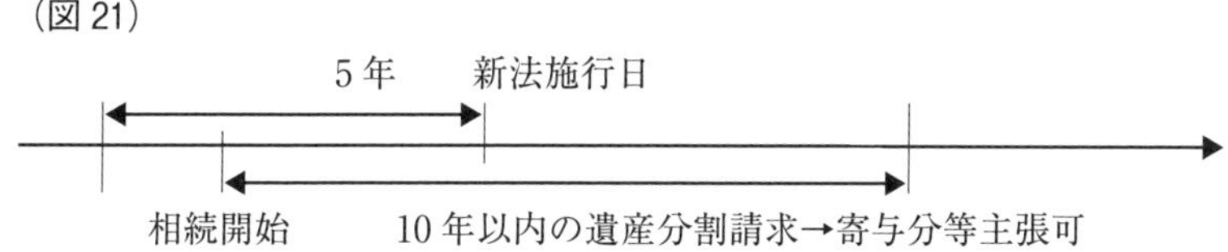

第４章

新登記法のポイント

＊　今回の不動産登記法改正については，多くの部分が省令に委ねられているところ，いまだ省令が公表されていません。そこで，以下では，改正登記法の基本的部分を述べます。

1　相続登記の義務化とは何か？

⑴　登記申請の義務化について

さて，旧登記法下では，相続登記は相続人の「権利」を公示するものであり，その登記をすべき義務は認められないとされました。そのため，旧法下では，相続が開始しても相続登記がされないまま放置される例が散見されました。

ちなみに，権利に関する登記の申請は，原則として登記権利者（登記により利益を受ける者）及び登記義務者（登記により不利益を受ける者）が共同してする必要があります（登記法 60 条）。ちなみに，共同相続における法定相続分での登記（以下「法定相続登記」という）は，例外的に各相続人が単独ですることができますが，実際にはあまり利用されていません。

ところで，登記制度は権利関係を公示する制度であり，相続による権利の移転がある場合も，これを公示しなければ登記への信頼を確保できません。また，上記（第１章２）のとおり，登記簿上の所有者不明土地が生じてる最大の原因が，相続が発生したにもかかわらず相続登記がされていないことにあります。したがって，相続登記の義務化自体は，やむを得ないと言えます。

そこで，新登記法は，相続によって不動産の所有権を取得した者において，相続開始から３年以内に相続登記を申請しなければならないとしました（76 条の２第１項）。

そして，この相続登記を怠った者には，10 万円以下の過料（かりょう）が課されます（新登記法 164 条１項）。ちなみに，過料というのは，「行政法規の義務違反に対する制裁」であって，罰金などの「刑罰」ではありません。

しかし，相続登記を義務化することはともかく，このような過料の制裁を課すことは，市民に新たな負担を課すものであり，決して望ましいものとは言えません。そこで，私どもは，過料の制裁を課すよりも，市民に相続登記についてのメリットを与付して登記を促進する方策を設けるべきである旨を主張しました。

その結果，最終的には，相続登記の促進を徹底するために過料の制裁が課されることになりましたが，次の①から④のとおり，市民の負担を軽減する方策があわせ設けられ，かつ，⑤のとおり市民に登記のメリットを与える方向での配慮がされました。以下，具体的に述べます。

①　まず，新登記法では，「相続人申告登記」という新たな制度が設けられました（76条の3）。これは，法定相続登記と異なり，「相続人の一人であることを登記官に申告する」ものであり，これを受けて登記官が職権で登記をする制度です。この申告自体は，市民が自ら行えるように手続を簡単にしており，かつ，登録免許税（登記手続の際に収める税金）も課されません。詳しくは，後記(2)を参照ください。

この相続人申告登記をすれば，相続登記義務を履行したとみなされます（新登記法76条の3第2項）。

②　新登記法では，相続人は「自己のために相続の開始があったこと」のみならず「当該所有権を取得したこと」をも知った日から登記義務を負います（76条の2第1項）。

すなわち，たとえば，不動産を所有するＡが死亡してＢ・Ｃ・Ｄがこれを相続し，その後に遺産分割がされないままＢが死亡してＥが相続した場合には，Ｅが「Ａ名義の不動産についてのＢの相続分を取得した」ことを知らなかったときは，そのままであれば登記義務は課されません。

また，Ｘが死亡して，その子Ｙが相続人となったところ，相続財産として遠隔地にＸ所有の無価値の土地があった（Ｙが，その土地の存在を全く知らなかった）場合は，その土地が相続財産となっていることを知るまではＹに登記義務は課されません。

したがって，相続人が相続による所有権の取得の事実を何ら知らないのに，不意打ち的に登記義務が課されることはありません。

③　新登記法下では，登記官が裁判所に対して過料制裁のための通知を行う（この通知に基づいて裁判所が過料を課す）場合には，あらかじめ，登記義務を負う相続人に対して登記申請をするよう催告することが予定されています（部会資料60．3頁）。

その詳細は，今後において法務省令で定められますが，この催告があれば市民は相続登記義務が生じていることを知ることができますので，不意打ち的に過料を課されることはありません。

なお，後記のとおり，新法施行日から5年以内を目途に，登記官が，住民基本台帳ネットワークシステム（以下「住基ネット」という）から，所有権の登記名義人の死亡などの情報を得ることができるようにする予定です（部会資料53．14頁）。そして，住基ネットと登記情報システムとの連携を図ることも検討されており，これが実現されれば登記名義人の死亡に伴う相続人申告登記が，すべて職権でされることも見込まれます。そのような状況となった場合は，すべて職権での相続人申告登記が可能となりますので，上記の催告に対して相続人が「職権で登記することを承諾する」旨を述べれば，義務違反に対する制裁が課されないこととなると思われます。

④　この過料は，「正当な理由」がないのに申請を怠った場合に限られます（新登記法164条1項）。したがって，相続人が重病である又はDV被害者であるなどにより速かに登記手続をすることができないときは，そのままでは過料の制裁が課されないと解されます。

⑤　のみならず，所有者不明土地の発生防止のためには，できる限り速やかに遺産分割がされるように促すことが重要です。なぜなら，遺産分割がされないままさらに繰り返し相続が発生した場合は，相続人が増大してしまい，行方不明者や海外移住者などが生じる可能性がより高くなるからです。

そこで，私どもは，「相続開始から一定期間内（たとえば3年以内）に遺産分割に基づく相続登記がされたときは，登録免許税を免除するというメリットを与える」ことも検討すべきであると主張しました。なぜなら，これが実現されれば，市民の側でも早期に遺産分割をするようになることが期待できるからです。

そうしたところ，令和4年度の税制改正大綱（第二，一，3(21)）において，相続登記に対する登録免許税の免除措置を次のとおり拡大する旨が謳われました。すなわち，従来は，市街化区域以外の土地で法務大臣が指定する土地（法務省のwebサイトで確認できます）のうち不動産の価格が10万円以下の土地に限って登録免許税を免除するとしていました。今回は，市街化区域内の土地であっても免除対象とし，かつ，土地の価格を100万円以下に拡大する方向となりました。

もちろん，この程度の拡大では相続登記促進のためにはまだまだ不十分ですが，これを重要な一歩として，今後さらなる免除措置の拡大により，市民が積極的に相続登記をするような状況を作っていくべきものと考えます。

なお，いわゆる「相続させる遺言」すなわち「特定の財産を共同相続人の一人または数人に承継させる旨の遺言」（以下「特定財産承継遺言」という）があった場合も，それによって所有権を取得したことを知ったときから３年以内に，相続人はその旨の登記をしなければなりません。

また，相続人に対する遺贈があった場合も，遺贈を受けた者（以下「受遺者」という）が，相続が開始して自己に対する遺贈があったことを知ったときから３年以内に，その旨の登記をしなければなりません（新登記法76条の２第１項）。

ちなみに，不動産売買などの取引によって権利を取得した場合は，当事者には登記義務は課されません。公示制度の信頼を守るという点からは，これについても登記義務を課すべきとの意見もあろうかと思いますが，取引によって権利を取得した場合は登記されるのが通常であり，むやみに市民や企業に義務を課すべきではないと思われます。

⑵　簡易な登記である相続人申告登記について

旧登記法のもとでは，被相続人の遺言がない場合は，遺産分割前においては法定相続登記しか行うことができませんでした。ところが，この法定相続登記がされると，その後の遺産分割や事業承継に支障が生じることがありました。

（図22）

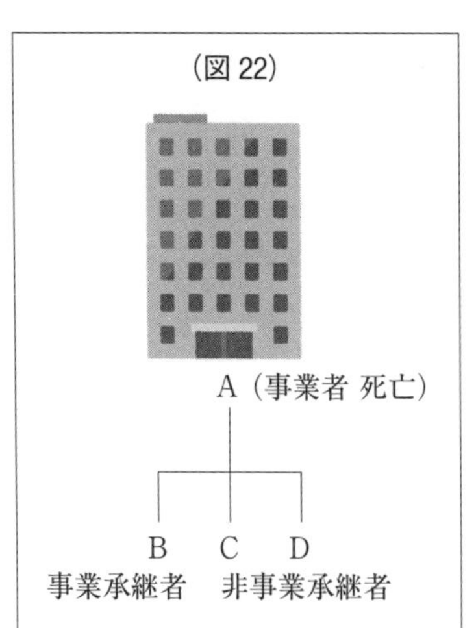

たとえば，個人事業主のＡが死亡して，その子であるＢ（事業を承継した者）及びＣとＤ（事業を承継していない者）が相続人になった場合に，Ａが所有していた事業用ビルについての相続がどうなるかを考えてみましょう（図22）。この場合，Ｂが法定相続登記をすると，事業用ビルについてＢ・Ｃ・Ｄの相続分が各３分の１である旨が登記されます。

そうすると，法律上はともかく，実際

にはこの登記により，ＣとＤのビルに対する権利意識が高まり，Ｂに対し，ビルを売却してその代金を分配するよう請求するなどのおそれがあります。そうすると，このビルを利用した事業承継ができなくなる事態も生じます（詳しくは，第８章参照）。

そこで，新登記法は，法定相続登記以外の登記方法として，上記の相続人申告登記の制度を設けました（76条の3）。

この登記は，Ｂにおいて「Ａの相続人の一人である」旨を申し出るものであり，ＡとＢが親子であることを示す戸籍謄本などを提出して申し出れば足ります。したがって，ＣとＤの存在やその相続分については，Ｂは申出の必要がありません。そして，登記簿においても，Ａ名義の所有権登記に，付記登記（いわば「付け加え」の登記）として，Ｂの住所や氏名が表示されるのみですので，事業用ビルに対するＣとＤの権利意識が高まるなどの弊害も生じません。

ただし，Ｂが相続人申告登記をした場合でも，ＣまたはＤが相続人申告登記等をしないときは，登記官からＣやＤに対し相続登記をするよう催告がされます。そして，同人らがこれに応じなければ過料の制裁が課されます。この点は，法定相続登記（相続人の１人が申請すれば，共同相続人全員が登記義務を免れる）と異なりますので，注意が必要です。

なお，Ｂが相続人申告登記をしたものの，そのまま死亡し，Ｂの子Ｘがこれを相続して同様に相続人申告登記をしたときは，Ａの所有名義のままでＢやＸの付記登記がされます。そして，その後も相続のたびに相続人申告登記がされると，相続人のうちの一人の住所・氏名は分かるものの，それ以外の法定相続人については調査しない限り知ることができません。そのため，法定相続人の数が増大したり，所在不明な者も生じて所有者不明土地が生じるおそれがあります。

その点から見て，やはり遺産分割によりシンプルな相続登記がされるように促すことが重要であり，少なくとも遺産分割に基づく登記については，相続開始から一定期間内であれば不動産の価格のいかんにかかわらず登録免許税を免除するなどの登記の促進策を設ける必要がある思われます。今後の国の対応が注目されます。

⑶　相続人申告登記の後に遺産分割がされた場合

次に，相続人申告登記をしたことにより登記義務を履行したとみなされた場合でも，その後に遺産分割により不動産の所有権を取得した者は，別途に分割時から３年以内にその旨の登記をすべき義務を負います（新登記法76条の３第４項）。

たとえば，上記の図22の例でＢが相続人申告登記をした後に，Ｃ及びＤとの間で遺産分割協議がまとまり，Ｂが不動産を相続により全面的に取得した場合は，Ｂはその遺産分割協議が成立した日から３年以内に，さらに遺産分割に基づく所有権移転登記をしなければなりません。

このような二段階の登記（相続人申告登記と遺産分割に基づく登記）は，市民にとって新たな負担となりますが，やむを得ません。なぜなら，遺産分割により相続が確定した以上は，これに基づく登記をして権利者を公示すべきであるからです。

なお，いったんＢ・Ｃ・Ｄを相続人とする法定相続登記がされ，その後に遺産分割によりＢが所有権を取得した場合も，Ｂは，その時から３年以内に登記すべき義務を負います（新登記法76条の２第２項）。ただし，法定相続登記がされている場合には，新法下では，更正登記という「登記の訂正」の手続により遺産分割の結果を反映することができる方向となりました（部会資料62－1．17頁以下）。これは，本来は遺産分割に基づく所有権移転登記がされるべきところ，すでに法定相続登記がされているので，これを更正（修正）することで足りるとするものです。これにより，相続人が単独で登記を申請することができ（登記法63条２項），かつ，登録免許税も低くなる（不動産１個につき1000円）ことから，相続登記の義務化による負担が軽減されます[(1)(2)]。

---

(1)　ちなみに，法定相続登記がされた後で，特定財産承継遺言，相続放棄または相続人が受遺者である場合の遺贈がされ，これらによる所有権移転の登記をする場合も，新法下の運用では，更正登記をすることで足りる方向となりました（部会資料62－1．17頁以下）。

また，法定相続登記がされ，その後に特定財産承継遺言や相続人が受遺者である遺贈がされて更正登記が申請されたときは，登記官から他の法定相続人に対し，その申請がされた旨の通知をすることとなっています（部会資料60．５頁(5)参照）。これは，遺言の有効性を争う相続人に，自己の権利の保全手続（民事保全法に基づく仮処分の申立て等）を取る機会を与える措置です。

(2)　相続人に対する遺贈がされた場合に，その相続人が所有権移転（取得）の登記をするときは，遺言書を提出した上で単独で登記申請をすることができます（新登記法63条３項）。これは，不動産登記法60条の共同申請主義の例外を認めたものですが，従来から特定財産承継遺言に基づく所有権移転登記が，遺言書を提出した上での単独申請で可能とされていたことと平仄を合わせたものです。

(4)　登記名義人の死亡の表示について

旧登記法下では，所有権の登記名義人が死亡した場合でも，相続登記がされるまでは，登記簿上には相続が開始したことは反映されませんでした。

しかし，これでは，第三者がその不動産を取得しようとした場合に，所有権の登記名義人が死亡していることが分からず，その登記簿上の住所宛てに手紙を送るなどしたため連絡が取れず，その取得を諦めざるを得ないことがありました。

そこで，新登記法は，登記官が登記名義人の死亡の情報を得た場合は，職権で，その旨を示す符号を表示するものとしました（新登記法76条の4）。その符号については，遺族の心情に配慮する必要があることなどから，登記名義人の氏名に波線などの記号を付すことが考えられています。詳しくは，法務省令で定められます(3)(4)。

なお，上記のとおり新法施行日から5年以内を目途に，登記官が，住基ネットから所有権の登記名義人の死亡情報を得ることができるようにする予定です（部会資料53．13頁）。

(5)　施行日と経過措置について

相続登記の義務化と制裁，及び相続人申告登記については，新法公布日から3年以内において政令で定める日（2024年4月1日）に施行されます（新民法附則1条2号）。

問題は，施行日においてすでに発生している相続についても，登記の義務化や制裁などの規定の適用があるかです。

この点，登記簿上の所有者不明土地が生じている最大の原因は相続登記がされていないことによることから，施行日においてすでに発生している相続についても，さかのぼって新法を適用する必要があります。

しかし，施行日前に相続が発生し，かつ，その相続による不動産所有権の取

---

(3)　登記官が登記名義人の死亡情報を取得するケースとしては，①新登記法下において住基ネットを通じて，登記名義人の死亡等を知った場合，②登記官が地方自治体から固定資産税課税台帳上の所有者に関する情報（たとえば，相続人が納税代表者になっているなど）を得た場合などがあります。

(4)　民法30条の失踪（しっそう）宣告の場合にも，死亡に準じてその旨を示す符号が表示される予定です（部会資料57．11頁参照）。高齢者の場合の職権消除についても，符号の表示が検討がされています。

得を知った者については，これを知った日から３年以内に登記すべきものとするのは酷です。なぜなら，たとえば新法施行日の４年前に相続が発生していたこと及びそれによる所有権取得をしたことを知った者は，施行日に，直ちに相続登記の義務違反が生じることになるからです。

そこで，新登記法は，経過措置として，施行日前に生じた相続については，当該所有権を取得したことを知った日又は施行日のいずれか遅い日から３年以内に相続登記をすれば足りるとしました（附則５条６項）。したがって，施行日前に相続が開始して所有権を取得したことを知った場合は，施行日から３年以内に相続登記をすれば足りることになります（図23）。

（図23）

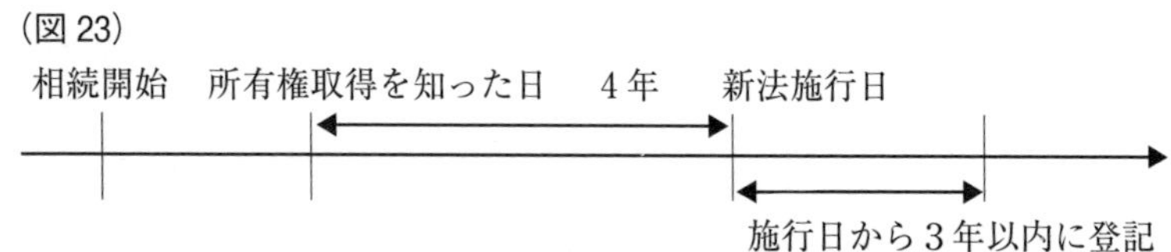

また，施行日前に生じた相続について，施行日から３年以上経過して遺産分割協議が成立する場合もあることから，同様に，遺産分割がされた日から３年以内に相続登記をすれば足りるとしました（附則５条６項）。

なお，相続人が受遺者である場合に，その相続人が単独で所有権移転登記を申請できるとする新登記法63条３項は，公布日から２年以内において政令で定める日（2023年４月１日）に施行されます。ただし，施行日以後に登記申請がされた場合に限りますので，施行日前にされた申請について新法がさかのぼって適用される訳ではありません（新民法附則５条１項）。

ちなみに，所有権の登記名義人が死亡したことを示す符号を登記簿に表示する旨の規定（新登記法76条の４）は，新法公布日から５年以内において政令で定める日から施行されます（新民法附則１条３号）。これについては，施行日前に相続が開始した場合にも適用されます。

２　氏名・住所の変更登記の義務化について

旧登記法下においては，所有権の登記名義人の引っ越しなどにより住所が変更されたり，結婚などにより氏名が変更された場合に，これを登記することは義務づけられていませんでした。

しかし，そのために登記簿を見ても登記名義人の住所等が分からず，登記簿上の所有者不明土地が生じていました。第1章2で述べたとおり，登記簿上の所有者不明土地の発生原因の約34%が，これらの変更登記がされていないことによるものです。

そこで，新登記法は，所有権の登記名義人に住所または氏名（法人の場合は，その名称）の変更が生じた場合は，当該名義人が，その時から2年以内に変更登記の申請をするよう義務づけました（76条の5)。そして，その義務に違反した場合は5万円以下の過料が課されることになりました（新登記法164条2項)。

もっとも，そうすると，たとえば仕事の関係で頻繁に引っ越しをする者にとっては，その度に住所変更の登記をしなければならず不都合です。また，DVあるいはストーカー被害等を受けている者も，住所変更の登記をしなければならないことになり，加害者側に住所が知られてしまう危険が生じます。

そこで，このような問題点についても，私どもから強く指摘し，その結果，次の①と②の2つの対策が盛り込まれることになりました。

① 職権での変更登記ができるようにすること

まず，住所変更等の登記の義務化については，公布日（2021年4月28日）から5年以内において政令で定める日から施行されます（新民法附則1条3号)。

このように，5年という長い期間を確保した理由は，この間に，登記官が住基ネットから「住所等の変更情報」を取得して，職権で変更登記をすることができるようにするためです（新登記法76条の6，部会資料53．13頁参照)。

そして，この職権登記に際しては，登記官が本人の意思を確認し，その申出があった場合に限り変更登記するとしています（同条ただし書き)。

これらの制度が実現されれば，頻繁に住所変更をしている者は，登記官による意思確認の際に，「住所変更登記については登記官に一任する。ただし，その都度，事前に連絡して欲しい。」などと申し入れることが可能となると思われます。

また，結婚などによって氏名が変わった場合も，同様に登記官が住基ネットから情報を得て，本人の意思確認を行った上で，職権登記をすることができるようになると思われます。

このような対策が取られた場合は，住所等の変更の登記義務違反に対する制裁は，実際には課されない状況になる可能性が高いと言えます。

なお，登記官が，住基ネットから登記名義人の住所等の変更の情報を的確に得ることができるようにするためには，キーワードとして住所・氏名のみならず生年月日やフリガナも必要となります。そこで，施行日以後に所有権を取得して登記申請をする者については，生年月日等も必ず提供する方向となりました（部会資料53．14頁）。この詳細については，今後，法務省令において定められます。

この点，売買などによる不動産の所有権移転登記に際しては，現状においても登記義務者の印鑑証明書の添付が必要とされ，その中に生年月日の情報も含まれていますので，それ自体は過大な負担とは言えないと思われます。

ただし，性別や本籍の情報をキーワードとするのは問題があります。なぜなら，これらをキーワードとして検索できるとすると，ジェンダーレスの考え方にそぐわず，また本籍地（出身地）による差別の問題が生じ得るからです。

② DV被害者等の保護

旧法下においては，DV被害者であっても法律上は特別な支援策は設けられておらず，登記の運用において前住所等を表示することで足りる旨の配慮がされたにとどまりました。

これに対し，新登記法では，登記名義人の住所変更の登記義務が課されたことによりDV被害者などの連絡先が判明し，これによりさらに被害が生じるおそれがあります。

そこで，新登記法は，住所を明らかにすることにより，人の生命や身体に危害が及ぶおそれがある場合又はこれに準ずる程度に心身に有害な影響を及ぼすおそれがある場合には，登記官が，住所に代わるものとして「法務省令で定める連絡先」を登記簿上に記載することとしました（新登記法119条6項）。

この連絡先としては，具体的には，次の３つが挙げられています（部会資料53．24頁）。

(i)　登記名義人の親族や知人の住所（その承諾が必要です。部会資料38.

49 頁参照)

(ii)　委任を受けた弁護士事務所や被害者支援団などの住所

(iii)　法務局の住所

これらの対応策があることから，登記名義人の住所等の変更の登記を義務づけ，その違反に対して過料の制裁を課すことも，やむを得ないと思われます。

3　その他の改正

(1)　所有権者以外の権利者の所在が不明な場合はどうか？

土地の登記簿に，地上権・永小作権・賃借権などの「所有権の行使を妨げる権利」の登記がされている場合は，その登記を抹消しなければ，第三者にその土地を売却することが困難となります。

たとえば，Aが所有する土地について，BがAから，立て看板を設置する目的で存続期間を10年とする地上権を取得して，その登記をしていた場合に，Aがこの土地をCに売却することとなったときを考えます（図24）。

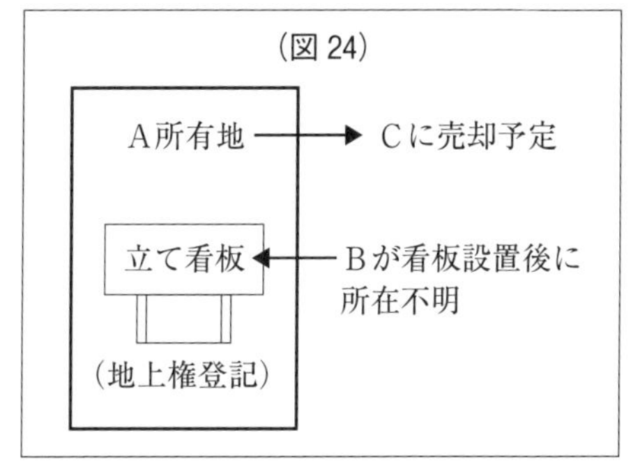

この場合に，10年の存続期間が満了してBの地上権が消滅したものの，この登記が抹消されないままBの所在が不明となった場合は，土地の買主は地上権登記の抹消がされない限り代金の支払いをしないのが通常です。

そこで，旧法下では，AがBを相手に，地上権登記の抹消登記手続を求めて訴訟を提起し，勝訴判決を得て登記の抹消を行ってきました。この場合にBの就業先が分かるときは，裁判所から就業先に訴状を送達してもらうことができますが，それが分からない場合には訴状を送達することができません。そうしたことから，Aの代理人弁護士が，Bの住民票や戸籍の附票を調べて転居先の有無を調査することになります。そして，この調査をしてもなお転居先が不明な場合は，住民票の住所地に赴いて現地調査をしなければなりません。これにより，Bが住所地に居住していないことが分かれば，その旨を記載した報告書を作成して裁判所に提出し，公示送達（民事訴訟法110条）の申出ができます。これにより，裁判所の掲示板に「いつでも訴状を交付できる」旨が掲示され，訴状が送達されたことになります（同法111条）(5)。

そうすると，旧法では，期間満了による地上権の消滅の場合には訴訟提起及び訴状の公示送達という手続を取らなければならず，所有者Ａの負担が大きいと言えます。

そこで，新登記法70条２項は，公示催告（非訟手続法99条）という簡易な方法により，裁判所の除権決定（同法106条）を得て，単独で地上権登記の抹消登記を申請できるとしました(6)(7)。同じく，永小作権・質権・賃借権などに

---

(5)　公示送達の申立てのために必要な現地調査の方法

訴状が被告に送達できない場合は，原則として訴訟が開始されません。なぜなら，被告が訴状を受け取っていないにもかかわらず，訴訟が開始されるとすると，原告の言い分だけで判決が出てしまうこととなり，被告の利益を害することになるからです。

ただし，訴状の公示送達ができる場合は，被告に訴状が実際に送達されなくても裁判を開始することができます。そこで，現地調査においては，住民票上の住所地に該当する建物があれば，①電気やガスメーターが動いていない，②表札が他人の名義であったり，Ｂの表札がかかっているが郵便受けに大量の郵便物が溜まっているなど，Ｂが住んでいる形跡がない，③近隣住民からの聞き取りでもＢが現に住んでいるという情報がない，などの調査を行います。そして，撮影した写真などとともに裁判所に報告をします。

ただし，③は近隣トラブルを招きやすく，近隣住民の保有する情報の正確性も高いとは言えないため，近時は裁判所から要求されない例があります。

なお，電気・ガスメーターが動いていたり，Ｂの表札があって近隣の聞き込み等から「Ｂが住んでいるが居留守を使っている」などが分かった場合には，「付郵便送達」という方法により訴状を送達することができます。これは，裁判所が訴状を書留郵便等で送る方法ですが，郵便を「発送した」時点で，送達が完了した扱いとなります（民事訴訟法107条３項）。

(6)　公示催告・除権決定とは

公示催告とは，裁判所が一定の期間を定めて，利害関係人に対して権利の届出をさせるための催告であり，裁判所の掲示板や官報などでの公告の方法でされます。

上記の例の場合，所有者Ａは，公示催告の申立ては必要ですが，訴訟提起をする必要はありません。また，除権決定とは，一定期間内に異議申立てがされなかったことにより，公示催告の申立てにかかる権利を失効させる旨の裁判を言います。

ただし，除権決定には既判力がなく（Q&A改正民法308頁），上記のＢが帰来するなどして登記が抹消されたことを知り，かつ，地上権設定契約がＡ・Ｂ間の合意により更新されているなど地上権の存続の事実があれば，抹消された登記の回復請求をすることが可能です。

(7)　もっとも，新登記法70条２項では，「相当の調査が行われたと認められるものとして法務省令で定める方法により調査」を行うことが要求されています。この調査が，公示送達と同じ現地調査を要求する趣旨であれば，訴訟提起による解決と実質的には変わ

ついても，存続期間が満了したときは，この簡易な手続により登記を抹消することができます。

また，買戻しの特約（民579条）が登記された場合に，買戻しの期間である10年が経過したにもかかわらずその登記が残ったままになっている例も散見されます。これについて新法は，さらに簡易な対応策を定めました。すなわち，新登記法では，登記権利者が，単独で買戻し登記の抹消登記を申請できます（69条の2）。これは，買戻しの期間が10年と法定されていることから，その期間が経過した場合には，買戻しの権利が当然に失われていると解されるからです（地上権などと異なり更新されません）。したがって，登記権利者は，登記義務者の所在等の不明を要件とせず，かつ，公示催告の手続を経なくても，買戻しの登記の抹消ができます。なお，登記官が，この申請に基づく買戻しの登記の抹消をしたときは，登記義務者に対して，その旨を通知することが検討されています（部会資料53．19頁）。

ちなみに，新登記法70条2項及び69条の2は，新民法公布日から2年以内において政令で定める日に施行されます（新法附則1条2号）。

ただし，施行日前にされた登記申請には適用されません（新法附則5条2項）。

⑵　解散した法人が担保権者の場合に登記の抹消をするには？

抵当権などの担保権は，金銭貸付などにより生じた債権を担保するために設定されます。ところが，この担保権の登記が明治時代など古い時期に付されたまま放置されている例が散見されます。そうすると，このような場合には，実際には債権全額についての支払や消滅時効の完成により，その債権が消滅して登記だけが残存しているのが通常と思われます。

この点，旧登記法70条3項前段は，この債権が消滅したことを証する情報（政令で定めるもの）を提供したときは，所有者が単独で登記の抹消申請ができるとしていました。また，同項後段は，この債権の弁済期から20年が経過し，かつ，その後に債権の元本・利息・損害金の全額に相当する金銭を供託した場合にも，単独で登記抹消を申請できるとしていました。担保権者の不利益は，

らないことになり，新法の規定が無意味となります。

そこで，同条の調査については，法務省令において，住民票などの書類上の調査が要求されるものの現地調査までは必要ないとする方向で規定を設けることとなりました（部会資料35．4頁以下）。

この供託によってカバーされます。

しかし，担保権者の法人が解散して長期間が経過し，その清算人の所在が判明しない場合には，法人としての実質は失われていると思われます。また，その債権の弁済期から30年以上経過しているときは，その債権が時効などによって消滅している可能性が高いと思われます。このような場合にまで，上記のような要件を課すことは妥当とは言えません。

そこで，新登記法70条の２は，次の①から③のすべての要件を満たすときは，所有者が単独で担保権登記の抹消登記の申請ができるとしました。

① 担保権者の法人が解散し，その解散の日から30年経過したこと
② 相当の調査が行われたと認められるものとして法務省令で定める方法により調査を行っても，その法人の清算人の所在が判明しないこと
③ その債権の弁済期から30年が経過したこと

これにより，所有者は，簡易な方法で一方的に担保権の登記の抹消をすることができます。なお，この新法は，公布日から２年以内において政令で定める日から施行されます（新民法附則１条，５条１項)。

⑶ 外国に住所を有する登記名義人の所在を把握するための方策等

国内において所有権の登記名義人となっている者が，海外移住などにより外国にのみ住所を有する例が増えています。また，外国人による国内不動産への投資も活発化しています。

これらの場合，その登記名義人の所在が分からなかったり，所有者と連絡を取ることが困難となっている例が散見されます。

そこで，新登記法は，所有権の登記名義人が国内に住所を有しないときは，国内における連絡先となる者（法人も可能）の氏名または名称及び住所その他法務省令で定める事項を登記することとしました（73条の２第１項２号)。この連絡先としては，不動産の売買等を仲介した事業者や登記申請の代理人となった司法書士などが考えられます。

なお，この新法は，公布の日から３年以内において政令で定める日に施行されます（新民法附則１条２号)。ただし，施行日前に登記申請をした場合は，本条は適用されません（同附則５条４項)。

ちなみに，新登記法73条の２第１項１号により，法人番号も不動産の登記

プラクティス民法 債権総論〔第5版補訂〕

潮見佳男 著

A5 変・上製・730 頁　ISBN978-4-7972-2795-6 C3332

定価：5,500 円（本体 5,000 円）

2020 年施行の民法（債権法）改正対応版

新債権総論（Ⅰ・Ⅱ）

〔法律学の森〕潮見佳男 著

Ⅰ　定価：7,700 円（本体 7,000 円）
A5 変・上製・906 頁　ISBN978-4-7972-8022-7

Ⅱ　定価：7,260 円（本体 6,600 円）
A5 変・上製・864 頁　ISBN978-4-7972-8023-4

新法ベースのプロ向け債権総論体系書

新契約各論（Ⅰ・Ⅱ）

〔法律学の森〕潮見佳男 著

Ⅰ　定価：6,600 円（本体 6,000 円）
A5 変・上製・548 頁　ISBN978-4-7972-8024-1

Ⅱ　定価：6,600 円（本体 6,000 円）
A5 変・上製・532 頁　ISBN978-4-7972-8025-8

法律学の森

新契約各論Ⅰ

潮見佳男
著

〈法律学の森〉シリーズ
現在の理論と実務の到達点を提示する
契約各論の理論的体系書
2020年（令和2年）4月施行の
民法（債権法）改正対応版

契約各論の理論的体系書

〒113-0033　東京都文京区本郷6-2-9-102　東大正門前
TEL:03(3818)1019　FAX:03(3811)3580　E-mail:order@shinzansha.co.jp

昭和少年法(1)

改正論議編 I

〔日本立法資料全集 170〕

森田　明 編

菊変・上製・498 頁
ISBN978-4-7972-4200-3 C3332
定価 55,000 円 (本体 50,000 円)

昭和 40 年代少年法改正論議をめぐる「法制審議会少年法部会会議議事速記録」(第 1 回〜第 70 回)、および「法制審議会会議議事速記録」(第 45 回、第 80 回〜第 87 回) の全文を収録する。本巻では「審議経過」解説および法制審議会少年法部会第 1 回から第 11 回までを収録する。論点ハシラ、発言者索引つき。

情報公開法制定資料(14)

〔平成 11 年〕参考資料編III

〔日本立法資料全集 149〕

塩野 宏 監修 **小早川光郎・宇賀克也・藤原靜雄** 編著

参考資料編 I 〜III は、関係官庁や関係機関・組織が部会等に提出した提案書・意見書をとりまとめたもので、部会・小委員会の進行に合わせて編集している。本巻には、第 31 回〜 57 回部会、第 1 回〜 7 回小委員会、その他の提出資料を収録。

菊変・上製・432 頁
ISBN978-4-7972-4144-0 C3332
定価 49,500 円 (本体 45,000 円)

〒113-0033 東京都文京区本郷6-2-9-102 東大正門前
TEL:03(3818)1019 FAX:03(3811)3580 E-mail:order@shinzansha.co.jp

簿に記載されることになりました。この規定は，新民法施行の日から３年以内において政令で定める日に施行されます（新法附則１条２号）。ただし，施行日前にされた登記申請には適用されません（同附則５条５項）。

⑷　登記の附属書類の閲覧制度の見直しについて

登記申請に際しては，申請書以外に戸籍謄本・住民票・印鑑証明書・土地所在図・地積測量図などの必要書類の提出が求められます（以下，登記に必要な書類を「附属書類」といいます）。

すなわち，たとえばＡが死亡して，その子ＢがＡ名義の土地を相続で取得した場合に，その旨の登記を申請するときは，「ＢがＡの子である」ことを示す戸籍謄本などの提出が求められます。登記官において，ＢがＡの相続人であることを確認する必要があるからです。

また，Ｘが所有している土地を，Ｙが売買によって取得して所有権移転登記をする場合は，Ｘの登記委任状と印鑑証明書の提出が求められます。これらがなければ，登記官は「売買によって，ＹがＸから土地の所有権を取得した」ことを確認できないからです（ただし，登記官は，これらの書類が揃っていることを審査しますが，その内容が真実かまでは審査しません。いわゆる形式的審査しかしません）。

このうち，土地所在図や地積測量図（不動産登記令21条１項）などの図面は，これを公開しても問題が無いことから，誰でもこれを閲覧することができます（登記法121条２項本文）。

しかし，それ以外の書類については，個人情報保護などの観点から，安易に公開することはできません。この点，旧登記法121条２項ただし書きは，請求人が「利害関係を有する部分」に限って閲覧請求できるとしていました。

ところが，この「利害関係」の意味は必ずしも明らかではなく，登記官の判断に委ねられるのが実情でした。また，登記簿上の所有者不明土地について，その取得を希望する者が附属書類を閲覧することにより，所有者を見つけ出す手がかりを得ることができるようにする必要もあります。

そこで，新登記法は，「利害関係」という用語を廃止し，代わりに「正当な理由」がある場合に限って閲覧請求ができるとしました（121条３項）。ただし，「正当な理由」の意味については，今後，運用基準等において明らかされます

（部会資料 35．17 頁[8]）。

なお，旧登記法下においては，自らが申請した登記の附属書類を閲覧する場合にも「利害関係」が要求されていました。しかし，自ら提出した情報についての閲覧を認めても何ら問題がないことから，新登記法ではそのような制限は廃止されました（121 条 4 項）。

ちなみに，新登記法 121 条は，公布日から 2 年以内において政令で定める日に施行されます（新民法附則 1 条）。ただし，新登記法同条 2 項から 5 項までは，施行日以後にされる閲覧請求にのみ適用されます（同附則 5 条 3 項）。

⑸　所有不動産の記録証明制度について

旧登記法下では，全国の登記簿から「特定の個人が所有権の登記名義人となっている登記簿」を探し出して一覧できる旨の仕組みは設けられていませんでした。

この点，固定資産税の課税台帳については，「名寄せ帳」といって所有者ごとに不動産を一覧できる帳簿がありますが，各市町村ごとにまとめられているものであり全国規模での検索はできません（ちなみに，東京 23 区内の不動産であれば，各都税事務所で「名寄せ帳」を取得できます）。

そのため，たとえばＡが死亡して子供のＢが相続したところ，長い間ＡとＢが別居していたため，Ａ所有の不動産（特に遠隔地）がどこにどれだけあるかが分からない例が見られました。

そこで，まず，新登記法 119 条の 2 第 1 項は，所有権の登記名義人が，登記官に対し，自らの所有名義の不動産の一覧表である「所有不動産記録証明書」

---

(8)　その具体例として次の点が挙げられています（補足説明 216 頁，部会資料 35．17 頁）が，いずれにしても所有者不明土地問題の解決に資する方向で，今後とも検討する必要があると考えます。

①　当該不動産の隣地の所有者が，過去に行われた分筆の登記の際の隣地との境界標や筆界の確認の方法等について確認したいケース

②　被相続人Ａから相続人Ｂへの相続登記がされている不動産がある場合に，他の相続人Ｃが当該相続登記の内容に疑義があると考えるケース

③　当該不動産を購入しようとしている者が，附属書類の閲覧につき登記名義人から承諾を得た上で，過去の所有権の移転の経緯について確認しようとするケース

④　閲覧請求人を当事者とする訴訟（あるいは，訴訟提起予定）において直接の争点とはなっていないものの，これに関連する事実関係の確認のために相手方当事者が登記名義人となっている登記の附属書類の閲覧が必要と認められるケース

の交付を請求できるとしました。ただし，この交付請求においては，本人確認のための書類（運転免許証など）の提示を求められます。ちなみに，新登記法119条の2第1項は，「何人（なんびと）も…」請求できる旨を規定しているので，本人以外の誰でも請求できるかのように読めますが，あくまで「自らが所有権の登記名義人として記録されている不動産」に限られるので，無関係の者が請求できる訳ではありません。

そして，その登記名義人の相続人も，同様に所有不動産記録証明書の交付を請求できます（同条2項）。ただし，本人確認書類のほかに，登記名義人の相続人であることが分かる書類（戸籍謄本など）の提出を求められます。

これに対し，全くの第三者は，他人の所有不動産記録証明書の交付を請求できません。その所有者の個人情報であるからです。

なお，たとえば，貸金業者から金銭を借り入れる際に，この所有不動産記録証明書の交付を求められても，これに応じる必要はありません。仮に，この証明書を貸金業者に渡した場合は，万一返済を怠ったときに，すべての不動産が差押えられることがありますので，ご注意ください。

新民法119条の2は，公布日から5年以内において政令で定められる日に施行されます（新民法附則1条3号）。

第５章

相続等により取得した土地を手放すための制度

1　なぜ新法が制定されたか？

近時，少子高齢化の進展に伴い，2008年をピークに人口が減少しています。そのため，地方を中心に土地の需要が減少し，その価値が下落している例が見られます。そのような土地については，所有者の関心が薄れるなどして管理が不十分となっている場合があります。この事態を放置したときは，相続があっても登記がされず，登記簿上の所有者不明土地が生じるおそれがあります(1)。

そこで，土地への関心が薄れた所有者が土地を手放すことができるにようにする方策を設ける必要が生じました。

その方策として，当初は，民法に「土地所有権の放棄」の規定を設ける旨の案が出されました（補足説明148頁以下）。すなわち，土地の所有者は，法令の範囲内において土地を自由に処分できる権利（民法206条）を有しており，その処分の一環として「放棄」もできるとの解釈があります。そして，所有者がいなくなった無主の不動産は「国庫に帰属する」（民法239条）ことから，放棄した土地は国に帰属するとの提案がされたのです。

しかし，土地所有権の放棄を容易に認めると，国が「放棄された土地」の管理コストを負うことから財政的負担が拡大し，最終的にはそのコストが税金によって賄われることになるので不公平となるなどの問題がありました。

そのようなことから，土地所有権の放棄の制度は断念され，代わりに「相続等により取得した土地所有権の国庫への帰属」の制度が設けられ，限定的な範囲で土地所有権を手放すことができることとなりました（相続土地国庫帰属法1条）。

---

(1)　なお，この問題に対処するためには，根本的には，地方の人口減少問題を解決する必要があります。そのためには，単に地方に補助金や地方交付金を与えるのみならず，地方分権を徹底し，地方が「個性を活かしたまちづくり」ができるよう実質的な権限や財源を認め，その個性を評価する人々が地方に転入するよう促すことが重要と思われます（これについては，紙面の制約上，別の機会に述べたいと思います）。

なお，この法律は2023年4月27日に施行され，全面的に効を持ちます。

また，この法律については，施行から5年経過した時点で要件等について見直しがされる旨の衆・参両議院の附帯決議がされています。以下で述べる様々な問題があることから，積極的に見直しがされるべきであると考えます。

2　承認申請はどのような場合にできるか？

⑴　申請ができる人は誰か？

相続土地国庫帰属法は，その目的が所有者不明土地の発生の抑制にある（同法1条）とし，「相続又は遺贈（相続人に対する遺贈に限る。）によって土地の所有権を取得した者」に限り，この承認を求めることができるとしました（同法2条)。

したがって，売買などの取引によって土地を取得した者は，原則として，この申請ができません。なお，共有地の場合は，共有者全員が共同して申請しなければなりません（同条2項)。

この点，所有者不明土地の発生を抑制するためには，「取引によって取得した土地であっても，国庫帰属の申請ができるとすべきである」旨の有力な意見が出されました。そこで議論がされ，最終的には，共有地について相続により持分を取得した者がいる場合に限り，取引によって土地を取得した他の共有者（法人を含む）も共同して申請ができることとなりました（同法2条)。

⑵　申請の要件は何か？

国庫帰属の承認を申請するためには，次の要件を満たす必要があります（同法2条3項)。これらの要件を満たさない場合は，承認申請は却下されます。

㋐　土地上に建物がないこと

建物は，いずれ老朽化し取り壊しなどが必要となり管理コストがかかるためです。

㋑　土地上に担保権または土地の使用・収益を目的とする権利が設定されていないこと

その土地の担保権が実行されると国が所有権を失うおそれがあり，第三者が使用収益権を有する場合は，国がその負担付きの権利しか取得できないからです。

ただし，対抗力のない権利（登記されていない抵当権や賃借権など）は，所有権を取得（一種の承継取得）した国に対抗することができません。したがって，対抗力ある担保権や使用収益権がある土地のみが，申請の対象とならないと解するのが妥当です。

(ウ)　通路など他人による使用が予定されていないこと

たとえば，通路として他人に利用されている土地は，たとえ通行権について登記（通行地役権の登記など）がなくても，国に対して権利を対抗することができます（国の土地であっても通行できます）。それゆえ，申請対象から除外されました。

同様に，ため池，井溝（通水路）なども，それを他人が利用しているものについては除外されました（部会資料 54．5 頁）。

詳しくは，追って政令で定められますが，国に対して対抗できる権利がある場合に限るべきです。

(エ)　土壌汚染がないこと

土地の土壌汚染がある場合は，所有者がこれを除去すべきであって，国が費用負担をする理由はないからです。

この土壌汚染の程度については，具体的には法務省令で定められますが，土壌汚染対策法において環境省令で定められた基準に準じて定められます。

(オ)　土地所有権の存在や範囲について争いがないこと

この点，同項５号では「境界が明らかでない土地」と規定されていますが，これは所有権界（所有権の範囲を画する民事上のライン）が不明であることを言います。

したがって，本号は「所有権の存在や範囲などに争いがある土地」を申請の対象とすることができないことを意味し，筆界特定（筆界特定登記官が明らかにするライン）までは必要ありません。

具体的には，地積測量図がなくても，法務局による現地調査等によって所有権界が明らかになる場合は，申請が可能です（部会資料 54．6 頁）。

3　国が国庫帰属を拒否できるのは，どのような場合か？

上記(1)，(2)の要件や下記４の手続要件を満たす土地については，法務大臣は原則として国庫帰属を承認しなければなりません。ただし，次の場合には，例外的に不承認とすることができます（同法5条1項）。なお，今後において政令で内容が明らかになる部分が多いことから，以下においては，そのあるべき方向性について述べます。

① 管理に過分の費用・労力がかかる崖がある場合（5条1項1号）

申請された土地に崖があることにより，土砂崩れなどが生じて国において管理のコストや労力が著しくかかることを避けるためです。

ただし，この崖の勾配や高さについては政令で定めることになっており，その内容いかんでは，さほどの勾配ではない崖であっても，対象から除外される危険があります。

そこで，本制度が所有者不明土地の発生を抑制する趣旨であることに照らし，少なくとも「急傾斜地の崩壊による災害の防止に関する法律」に規定されている「傾斜度が30度」（同法2条1項）を下回る崖は，不承認とすべきではないと考えます。

また，「過分の労力」という基準が抽象的であるために，安易に承認申請が拒否されるおそれもありますので，法務省令において内容を具体的にすべきであると考えます。

② 土地の管理又は処分を阻害する工作物・車両・樹木などの有体物がある場合（相続土地国庫帰属法5条1項2号）

このような有体物（有形的な物）があるために，管理や処分に重大な支障が出てしまい管理コストがかかることになるからです。

ただし，土留めなどの土地工作物や樹木については，管理・処分に重大な支障がないものもありますので，その場合は，除外され，申請が可能です。

③ 管理・処分を阻害する埋設物がある場合（同項3号）

これも，埋設物があることによって管理のコストがかかることから除外されています。ただし，巨大な岩石などの自然由来のものは，問題とすべきではないと思われます。

また，国が掘削調査などをして埋設物が無いことを確認することまでは行わないこととなっています。

なお，同法14条では，承認申請ができない事由または不承認となる事由があるのに，そのことを告げないでこの申請をして国に損害を与えた場合は，申請者が損害賠償責任が負うとされています。したがって，巨大なコンクリートの固まりなどの人工的な埋設物があるのに告げなかった場合は，申請者が損害賠償責任を負うことになりますのでご注意下さい。

④　隣接地の所有者との争訟（訴訟など）によらなければ紛争を解決できないなど，その管理・処分ができない場合（同項4号）

　たとえば，隣接地の建物の一部や竹木の枝が越境しているなどして，訴訟などによらなければこの紛争を解決できない場合がこれに当ります。このようなときは，管理処分に支障が生じることから除外されます。

　ただし，具体的にどのような場合がこれに当たるかについては，政令で定められます。

⑤　その他，過分の費用・労力がかかる場合（同項5号）

　この点，同号は単に「前各号に掲げる土地のほか」通常の管理又は処分に過分の費用又は労力を要する土地であることを不承認の事由としています。

　しかし，これでは，前各号に掲げる土地以外でも広く除外できるので，政令に白紙委任していることになり問題があります。少なくとも，前各号に掲げる「事由に準じて」過分の費用等がかかるものに限定するのが妥当です。

　なお，同法は，第2条3項の要件を満たす場合に，法務大臣において第5条1項の事由がない限り国庫帰属を「承認をしなければならない」と規定しています。

　そして，第2条3項の要件や手続要件を満たす土地であるにもかかわらず，法務大臣が不承認の処分をした場合は，原則として処分が違法となり，申請者が行政不服審査法に基づく不服の申立てや行政事件訴訟法に基づく訴訟を提起をすることができます。

4　手続的要件

　この申請をする場合には，法務省令で定める申請書や必要書類を，法務大臣に提出する必要があります（3条1項）。

　また，申請者は，政令で定める手数料を納めなければなりません（同条2項）。この手数料は，主として承認申請の実費を考慮して定められます。

5　負担金の納付

最後に，国庫帰属の申請が承認された場合は，申請者は政令で定める負担金を納付する必要があります（10 条）。この負担金の額は，国有地の種目ごとに管理に要する 10 年分の標準的な費用の額を考慮して決められます（同条 1 項）。これは，国の管理コストの一部を申請者に負担させる趣旨であり，市街地の宅地 200m^2 の場合は概ね 80 万円になるとのことです。

なお，この負担金の額は，申請者に対する通知によって明らかとなりますが，この通知を受けたときから 30 日以内に申請者が負担金を納付しないときは，法務大臣の承認の効力が失われます（同条 3 項）。

第6章

関連する特別法について

1　所有者不明土地に関する特別措置法について

この特別措置法（以下「特措法」という）は，2018年6月に公布され，同年11月に施行されて全面的に効力が生じました。

この法律における「所有者不明土地」とは，「相当な努力が払われたものとして政令で定める方法により探索を行っても，なお土地の所有者を知る（確知する）ことができない土地」を言います（同特措法2条1項参照）。

この探索方法については，まず，所有者が転居等しているため登記簿からは所有者の所在（現住所）が判明しない場合は，住民票や戸籍の附票などの公的書類を調べて転居先を確認する必要があります。それでも，その所在が判明しない場合には，連絡が取れる親族に確認する必要があります。しかし，現地調査の必要はないとされています（同法に関する特別措置法施行規則1条，3条参照）。

これは，民法上の所有者不明土地における「必要な調査を尽くす」という定義と若干異なっていますが，実質的には変わらないと言えます。詳しくは，第2章2の「所有者不明土地管理人」の解説をご覧下さい。

この特措法の主たるポイントは，次の(1)から(3)の点です。

(1)　所有者不明土地の利用の円滑化

上記の所有者不明土地の利用の円滑化のために，地域福利増進事業の制度が創設され，かつ，収用手続の簡素化が図られました。

(ア)　地域福利増進事業の創設

まず，地域福利増進事業とは，「地域住民その他の者の共同の福祉又は利便の増進を図るために行われる事業として，同法2条3項1号から10号に掲げられたもの」を言います。

たとえば，道路・公民館・図書館・病院・公園など地域住民の福利のための施設を設ける事業などがこれに当たります。

その事業主体は制限されていませんので，民間事業者でも地域福利増進事業を行うことは可能です。ただし，この事業は，同項１号から10号の場合に限って認められるので，一定の限界があります。

（図 25）

○Ａ市の公民館設置

×Ｂ社の文化ホール設置

たとえば，この特措法によれば，所有者不明土地に，地方公共団体のＡ市が公園や公民館などを設置することはできますが，民間事業者のＢ社が文化ホールを建設することは，原則としてできません（図25。特措法２条３項８号）。なぜなら，同項８号の「教養文化施設」（文化ホールなど）については，「公民館」（同項３号）と異なり，「災害救助法が適用された……区域」（同号イ）及び「周辺の地域において……同種の施設が著しく不足している地域」（同号ロ）に限って，設置が認められてるにすぎないからです。

また，この使用権は10年間（ただし，更新が可能）とされています（13条３項，19条１項）。そのため，この土地に，第三者のために借地権を設定しようとしても，最初の存続期間が30年以上（借地借家法３条）となることから認められません。

さらに，この使用期間が終了したときは，施設の設置者は，建物などを撤去して土地を原状回復しなければなりません（24条）。

そのようなことから，地域福利増進事業については，民間事業者はもとより地方自治体にとっても，ハードルが高い部分が多いと思われます。

そうすると，現実的には，所有者不明土地に，地方自治体が仮庁舎や被災者用仮設住宅を設置したり，地方自治体や民間事業者が住民のための公園及び駐車場・売店や，簡易な診療所などを期間限定で設けることなどが，この事業として考えられます[(1)]。

(1)　2021年の民法・不動産登記法の改正を受けて，国土交通省は，さらに所有者不明土地特措法を再改正することを検討しています。その趣旨は，地域福利増進事業として利用できる範囲を拡大して，太陽光発電などの小規模な再生可能エネルギー発電所や防災備蓄倉庫などの防災施設も対象に含め，かつ，使用期限も現行の10年から20年に延長することにあるとされています（2021年７月19日付け日本経済新聞社第１面記事参照）。

㈠　収用手続の簡素化について

次に，所有者不明土地のうち，「特定所有者不明土地」すなわち「現に建築物（政令で定める簡易なものを除く）が存せず，かつ，業務の用その他特別の用途に供されていない土地」については，土地収用の手続が簡略化されました（同法27条以下）。

まず，収用とは「公共事業のために法律に基づいて土地所有権などを強制的に取得する」ことをいいます。そして，土地収用法は，所有権保護との調整を図るため，土地収用委員会という独立行政委員会を設け，その収用裁決（権利取得の決定等）などの特別な手続により収用ができる旨を定めています（土地収用法39条，47条の2，48条1項）。

これに対し，所有者不明土地特措法27条1項は，特定所有者不明土地の収用については，その土地の所在地を管轄する都道府県知事に対して裁定を申し立てることができるとし，その裁定があったときは収用委員会による裁決が不要となる旨を定めました（特措法34条）。

これにより，建物が存しないなど利用が容易な所有者不明土地については，迅速に収用ができることとなり，公共事業が進めやすくなりました。

ただし，土地所有権を保護するために損失補償をすることは必要ですので，土地収用法の規定が準用されています（同条，土地収用法第7章95条以下）。

⑵　所有者の探索の合理化について

所在などが不明な土地所有者等の探索を容易にするため，土地所有者等の情報を提供・利用する仕組み（下記ア）と，長期に相続登記が未了となっている土地についての登記の特例（下記イ）が設けられました（特措法39条以下）。

㈀　土地所有者等の情報を提供・利用する仕組み

まず，都道府県知事及び市町村長が，地域福利増進事業などの実施の準備のため土地所有者等を知る必要があるときは，それに必要な限度で固定資産税課税台帳に記載されている土地所有者の関連情報（土地所有者の氏名・住所・本籍）などを，目的外での内部利用ができるとしました（特措法39条1項，同法施行規則53条）。

そして，都道府県知事及び市町村長は，地域福利増進事業を実施しようとする者から上記情報の提供の求めがあったときは，必要な範囲でこれを提供できるとしました（39条2項）。

ただし，地域福利増進事業をする民間事業者に上記情報を提供する場合は，あらかじめその情報によって識別される個人（所在などが不明な者を除く）の同意を得なければなりません（同条3項，4項）。

これにより，従来は，行政内部においても特に秘匿されていた固定資産税課税台帳の情報等を，都道府県知事及び市長村長が所有者不明土地の利用円滑化のために取得・利用するこことができます。

㈠　長期の相続登記未了土地に関する登記の特例

土地が，所有権の登記名義人の死亡後30年以上にわたり相続登記がされていないときは，登記官が職権で，一定の要件のもとにその旨を所有権登記に付記することができます（40条1項，同法施行令10条）。

あわせ，登記官は，その探索の過程で得た情報をもとに，登記名義人の相続関係が記載された「法定相続人情報」という一覧表を作成して，これに「作成番号」という番号を付けます（平成30年法務省令第28号）。そして，登記官は，その土地の所有権の登記名義人となり得る者を知ったときは，その者に対し，相続登記等の申請を勧告します（同特措法40条2項）。この勧告を受けた相続人が相続登記をする場合は，その申請する際に上記の「作成番号」を提示することにより，相続登記に必要な一定の戸籍や住民票の提出を省略することができます（上記法務省令8条）。

⑶　所有者不明土地の管理の適正化について

旧法下において，所有不明土地にゴミが不法投棄されたり樹木や雑草などが繁茂するなどして周辺住民に害を及ぼす状況となった場合は，地方自治体においては，家庭裁判所に対して不在者財産管理人（民法25条）の選任を申し立てるしかありませんでした。

また，その土地に相続人がいるか否か不明なときは，相続財産管理人（民法952条）の選任を申し立てるほかない状況でした。

しかし，旧法下においては，地方自治体が「利害関係人」としてこれらの管理人の選任申立てができるか否かが不明でした。

そこで，特措法38条1項は，「その（土地の）適切な管理のため特に必要があると認めるとき」には，これらの管理人を選任できるとしました。これにより，地方自治体がこれらの管理人の選任の申立てができることが明らかとなりました。

また，第1章で述べたとおり，これら管理人が不在者や被相続人の「全財産」を管理する立場にあるため，管理費用ひいては申立人が納付すべき予納金が高額となりがちでした。そこで，特措法が2021年に改正され，新民法264条1項の所有者不明土地管理人の選任を申し立てることができることとなりました（特措法38条2項）。これにより，管理人の選任申立てにおける予納金は，その土地の管理費用に相当する額で良いこととなり，コストが削減されることとなりました。

2　表題部所有者不明土地に関する特別法について

第1章で述べたとおり，表題部所有者不明土地というものもあります。

すなわち，これは，土地登記簿の表題部（土地の物理的な状況を記載した部分）において，所有者の住所や氏名（法人においては名称）が正常に記載されていない土地をいいます（表題部所有者不明土地法2条1項参照）。

たとえば，表題部の所有者欄に「A外（ほか）10名」という記載はあるが，A以外の10名の住所や氏名が記載されていないなどの場合が，これに当たります。

これは，たとえば，共有的な入会地（いりあいち）について旧土地台帳に代表者の住所・氏名のみが表示されていたところ，その記載が現在の不動産登記簿に引き継がれてしまったことなどから生じたものです。

この表題部所有者不明土地も「所有者が誰か又はその所在が分からない土地」ですので，所有者不明土地の一種となります。国の調査によれば，全国の土地のうち5000筆がこれに当たるとのことですので，かなりの数に上ります。そして，このままでは，この土地については所有者の氏名や住所を知ることができず，土地の利用・処分が著しく困難です。

そこで，2019年に表題部所有者不明土地法が設けられました。この法律により，次の(1)から(3)の点が改善されました。

(1)　所有者等の探索方法の合理化について

旧法下において，この土地の所有者が誰かなどを知るために，各種の公的書類の他に，寺で保管されている過去帳（亡くなった人の名前や死亡年月日などが記載された帳簿）あるいは地域内の土地の歴史についての古文書や現地での聞き取りなどの調査が必要となっていました。

これは専門家でなければ困難な作業ですので，同法は，まず登記官が当該表題部所有者不明土地の現況その他の事情に基づき，一定の範囲の土地（法務省民二第253号民事局通達参照）を選定して，職権で専門的な調査ができるとしました（3条1項）。一定の範囲の土地としては，具体的には，地震等の自然災害により大きな被害を受け，早急に復旧・復興作業等を行う必要がある地域の土地などが挙げられています（同通達参照）。

そして，この所有者の探索のために，法務局及び地方法務局に，所有者等探索委員を置くことができます。この委員は，探索の職務を行うのに必要な知識及び経験を有する者（弁護士・司法書士・土地家屋調査士など）の中から，法務局又は地方法務局の長が任命します（9条）。

⑵　探索の結果に基づく表題部所有者の登記について

この探索により所有者等が判明した場合は，登記官は，表題部所有者の登記（「A外10名」など）を抹消し，判明した所有者の氏名・名称や住所を登記することとなります（15条1項）。

また，この調査によっても依然として土地の所有者の氏名等や住所が分からない場合には，登記官は，所有者の特定が不能である旨を登記します（同項4号イ）。このような土地を，「所有者等特定不能土地」と言います（2条3項）。

なお，この土地が「法人ではない社団」（いわゆる「権利能力なき社団」）等に属する場合に，表題部所有者として登記すべき者を特定することができないときは，この土地を「特定社団等帰属土地」と言います（2条4項）。これについても，登記官は，その旨を登記します。

⑶　所有者等特定不能土地などに関する措置について

この所有者等特定不能土地について，裁判所は，利害関係人の申立てに基づき，必要があると認めるときは，特定不能土地等管理者の選任をすることができます（19条，20条）。この選任がされたときは，速やかに管理人の氏名・住所などが登記されます（同条3項）。

そして，選任された管理者は，その土地の管理・処分権を専属的に有し（21

条1項），土地の保存行為や利用・改良行為ができるほか，裁判所の許可を得てその土地を処分して代金を供託することもできます（21条，28条）。

これにより，地方公共団体などが所有者特定不能土地を公共事業のために買い取りたい場合には，利害関係人として管理者の選任を申立て，選任された管理者と協議してこの土地を買い取ることができます。

その他，この管理者の権限・義務・辞任・解任・命令の取消等については，所有者不明土地管理人と同様の規定が設けられています（21条から26条参照）。

なお，上記の特定社団等帰属土地についても，裁判所は，利害関係人の申立てに基づき，必要と認めるときは管理者を選任することができます（30条1項）。この管理者の権限・義務・辞任・解任・命令の取消等についても，所有者等特定不能土地管理者の規定が準用されます（同条2項）。

第７章

2018年の相続ルール改正のポイント

＊　以下における「新民法」は，すべて2018年改正相続法を意味します。また「新家事手続法」は，2018年改正の家事事件手続法を意味します。

1　改正の理由は何か？

この新民法が成立したのは，高齢化社会の進展により「残存配偶者の保護」の必要が生じたことなどを理由としています。

ここで残存配偶者とは，たとえば，夫Ａの死亡により残された妻Ｂのことを言いますが，我が国において平均寿命が延びたことから高齢な残存配偶者が生じており，その生活に配慮する必要があることから改正がされました。

そのため，配偶者居住権などの新たな配偶者保護の制度が設けられました。

しかし，これに限らず，新民法は，相続人間の公平に配慮するための規定や，遺留分（相続人に認められる最低限の取得分）及び遺言の制度，さらには特別の寄与の制度などについても，重要な規定を設けています。

以下，順番にポイントを解説します。

2　改正のポイント

⑴　配偶者保護の制度について

㈠　配偶者居住権について

新民法は，配偶者が相続開始時に被相続人の建物に居住していた場合に，その配偶者が生きている間（終身）または一定期間，その居住建物を無償で使用・収益できる旨の権利を認めました（1028条）。

これは，配偶者が，相続開始時に居住建物の所有権や賃借権を有していなくても，その建物に居住できる権利を認めたものです。

たとえば，Ａが，2000万円の価値がある自宅の土地建物と預金3000万円を残して死亡し，妻Ｂと子供Ｃが相続した場合を考えます（図27）。この場合，妻Ｂ及び子供Ｃは，それぞれ２分の１の法定相続分を有します（民法900条1

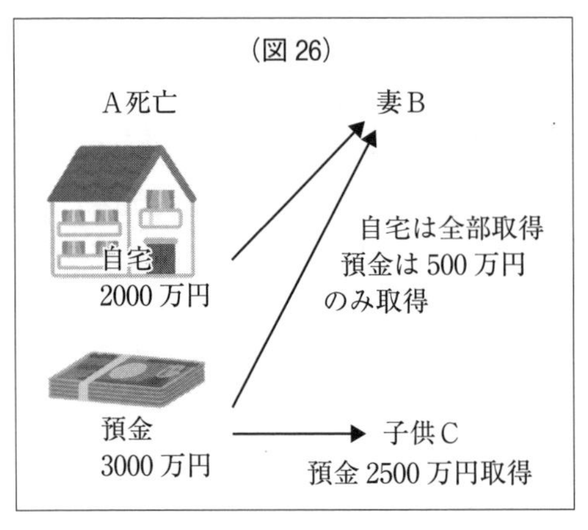

号）が，妻Bが自宅（2000万円）を取得すると，Bは預金からは500万円しか取得することができず，老後の生活に心配が出てくる場合があります。

そこで，新民法は，このような場合に，夫Aが「妻Bに対し，自宅の土地建物について配偶者居住権を遺贈する」旨の遺言をすれば，Bが配偶者居住権を取得することができるとしました（1037条1項）。

そうすると，たとえば配偶者居住権の価値が1000万円である場合（評価方法については後述します）は，Bは配偶者居住権のほかに，預貯金から1500万円を取得することができ，旧民法下に比べて，老後の資金を確保できるのです。なお，この場合には，特に遺言がない限り，子供Cは配偶者居住権の負担が付いた自宅（価値としては1000万円）の所有権と，預金1500万円を取得することになります。

なお，このような遺贈がない場合に，Bが配偶者居住権を取得したいときは，子供Cとの遺産分割によって取得するほかありません（1037条1項）。この点，新民法は，家庭裁判所が，遺産分割の審判において，Bが配偶者居住権を取得する旨を定めることができるとしていますが，これは「配偶者の生活を維持するために特に必要がある」ことを要件としています（1029条2号）。

したがって，配偶者居住権を必ず取得したい場合は，Aの生前に，配偶者居住権をBに遺贈する旨の遺言を残してもらう必要があります[(1)]。

なお，遺言書に，配偶者居住権をBに「相続させる」と記載した場合は，どうなるかが問題となります。この「相続させる」という遺言は，遺産分割の方法の指定として特定の財産を共同相続人に承継させるものであり，「特定財産承継遺言」と呼ばれます（新民法1014条2項参照）。このような遺言が有効で

(1)　もっとも，妻Bの申出により夫AがBのために遺言書を書く場合は，実際には，子供Cの遺留分額（法定相続分の2分の1）を考慮した上で，Bに不動産を相続させる旨を遺言書に記載してもらう例が多いと思われます。

あるとすると，配偶者は当然に配偶者居住権を取得することとなりますが，これは配偶者にとって不利益となる場合があります。なぜなら，仮にBが配偶者居住権の取得を希望しない場合には，Bが相続放棄せざるを得ないところ，これは全ての財産について相続を放棄することを意味するからです。

そこで，配偶者居住権については，このような「相続させる」遺言による取得は認められないとされています（一問一答14頁[(2)]）。

なお，配偶者居住権の規定は，2020年4月1日に施行され，効力が生じました。ちなみに，施行日前に開始した相続には適用されません（新民法附則2条）。

(i)　配偶者居住権の要件

この配偶者居住権が認められるためには，次の①から③の要件を満たす必要があります（新民法1028条，1029条）。

①　配偶者が，相続開始時に建物に居住している（生活の本拠としている）こと

②　配偶者に配偶者居住権を取得させる旨の遺贈又は遺産分割（審判含む）がされたこと

③　被相続人が建物を配偶者以外の者（第三者）と共有していないこと

(ii)　配偶者居住権の効果

これにより，配偶者Bは，居住していた建物全部について，終身または遺贈等で定めた期間は，無償で使用・収益ができます（新民法1028条及び1030条）。

また，配偶者Bは，居住建物について雨漏りなどの不具合が生じた場合は，その旨を所有者Cに連絡のうえ，自らの費用で修繕することができます（新民法1033条1項）。しかし，所有者Cに対し，この修理をすること又は修理費を支払うよう請求することはできません（新民法1034条1項）。

また，配偶者Bは，この配偶者居住権を第三者に譲渡することはできません（新民法1032条2項）。

なお，配偶者Bは，所有者Cの承諾を得なければ，居住建物を増改築し，または第三者に建物を賃貸することはできません（同条3項）。

仮に，配偶者Bが，所有者Cに無断で，建物の増改築や賃貸をした場合は，所有者Cが相当な期間を定めて催告した上で，配偶者居住権を消滅させること

(2)　ただし，このような特定財産承継遺言を，遺贈の趣旨と解釈する余地はあります（一問一答14頁注1）。

ができます（同条４項）。

(iii)　配偶者の義務など

配偶者Ｂは，善良な管理者の注意をもって居住建物を使用・収益する義務を負います（新民法1032条１項）。配偶者が，この義務に反した場合は，所有者は相当期間を定めて催告をした上で，配偶者居住権を消滅させることができます（同条４項）。

(iv)　対抗要件について

配偶者居住権は，登記することができます。すなわち，建物所有者は，配偶者が登記を請求したときは，これを登記する義務を負います（新民法1031条１項）。したがって，所有者が登記に応じないときは，配偶者は訴訟を提起して勝訴判決を得ることにより，単独でこの登記をすることができます。

(v)　評 価 方 法

なお，配偶者居住権の評価額を決めなければ，配偶者(B)と子供(C)の相続における分配額が決まりません。たとえば，図26の例では配偶者居住権の価値が1,000万円とされたことから相続預金の分配額が決まりました。この評価額については，概ね次の計算方法により算出されます。（国税庁のwebサイト参照）

建物利用権の評価額

居住建物の相続税評価額	－	居住建物の相続税評価額	×	耐用年数－経過年数－存続年数 / 耐用年数－経過年数	×	存続年数に応じた法定利率による複利現価率

敷地利用権の評価額

居住建物の敷地の用に供される土地の相続税評価額	－	居住建物の敷地の用に供される土地の相続税評価額	×	存続年数に応じた法定利率による複利現価率

(イ)　**持戻し免除の意思表示の推定規定**

次に，新民法は，残存配偶者の生活保障のため，一定の期間婚姻関係を続続した夫婦間における居住用不動産の生前贈与等については，原則として「特別受益として扱わない」とする旨の規定を設けました。

たとえば，夫Ａが，所有する居住用不動産（時価2000万円）と預金4000万円を残して死亡した場合に，妻Ｂに対し居住用不動産を贈与する旨の遺言（遺贈）をしていたときを考えて見ましょう（図27）。

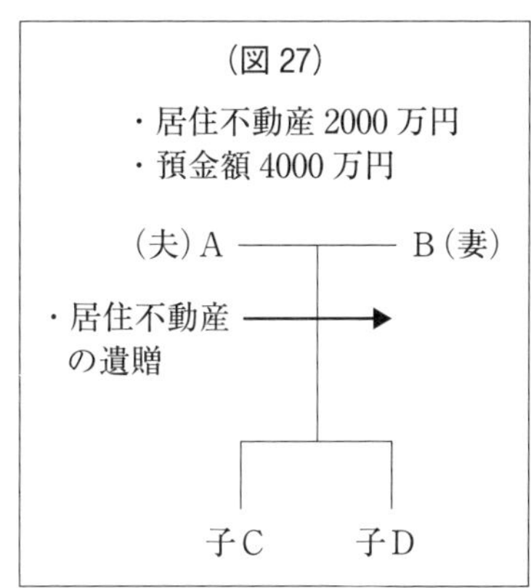

この場合，居住用であっても不動産の遺贈は原則として特別受益に当たるとされ，旧民法下では，預金額（4000万円）と遺贈された居住用不動産の価格（2000万円）を合計した金6000万円が相続財産額であるとみなされました。このように特別受益の額を加えて相続財産額を計算することを，「持戻し計算」といいます。そして，それを基に，妻の法定相続分額（3000万円）から遺贈額（2000万円）を差し引いた残額1000万円が，妻の実際の相続分額であるとしていました（民法903条1項）。

そうすると，妻Bは，居住用不動産の遺贈を受けても受けていなくても実際の取得額（計3000万円）に変わりがなく，老後の生活資金が不足してしまうことがありました。

そこで，新民法は，残存配偶者の生活保障の見地から，居住用不動産の遺贈または贈与については，Aが「持戻しを免除する意思表示」をしたものと推定し（903条4項），原則として特別受益として扱わないとしました。

これにより，妻Bは，居住用不動産を遺贈により取得するほか，預金から2000万円を受け取ることができますので，特別受益として扱われた場合よりも取得額が増え老後の資金をより確保できます。

ただし，次のような要件が必要です。

① 婚姻期間が20年以上の夫婦間の遺贈または贈与であること
② 居住用不動産の遺贈また贈与がされたこと

なお，この場合に，居住用不動産について，遺贈ではなく特定財産承継遺言（いわゆる「相続させる」遺言）がされた場合も，通常は持戻し免除の意思があるものと推定されます（一問一答62頁）。

ちなみに，この規定は2019年7月1日に施行されました。ただし，施行日前にされた遺贈または贈与については，適用されません（新民法附則4条）。

⑵　遺産の処分における相続人間の公平を図るための制度について

次に，新民法は，一部の相続人によって共同相続財産が処分された場合に，その相続人間の公平を図るため，次のア及びイの規定を設けました。

㈠　共同相続された預貯金の払い戻しの原則的禁止について

旧民法下では，共同相続された預金債権について「各相続人が預金債権を自己の相続分の範囲内で単独で行使できる（払い戻しできる）」とされました。なぜなら，預金債権が可分債権（分けることが可能な債権）とされていることから，相続によって各相続人が分割して取得したと解するからです。

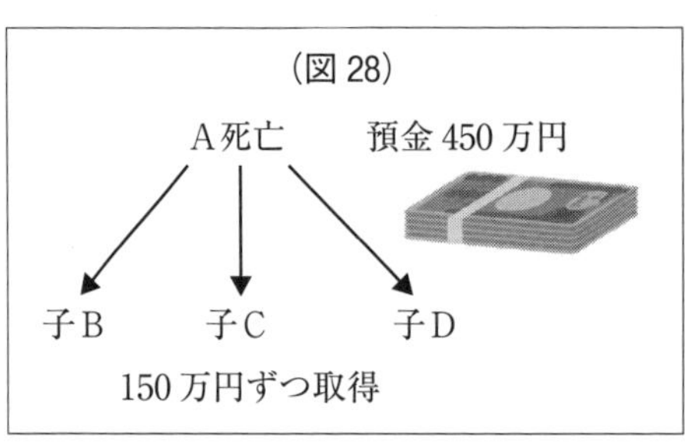

そうすると，たとえば，Aが預金450万円を残して死亡し，その子Ｂ・Ｃ・Ｄの３人が共同相続した場合は，この預金債権は当然に分割され，各人はそれぞれ150万円の預金債権を取得することになります（図28）。

しかし，従来の銀行実務においては，共同相続人の１人であるＢから相続預金の払い戻しの請求があっても，銀行は，Ｂ・Ｃ・Ｄ間の遺産分割協議書などによりＢへの支払によるトラブルが生じないことを確認しない限り，たとえ150万円の範囲内であっても払い戻しには応じないという対応をしてきました。

このような経緯もあって，旧民法下において最高裁は，従来の判例を変更して「預金債権は遺産分割の対象となる」旨の判断をしました[(3)]。これにより，遺産である預金債権については，遺産分割前に単独で行使することはできないこととなりました。

そこで，この判例変更を受け，新民法は，預金債権が遺産分割の対象となることを前提とする旨を定めました（909条の2）。

ただし，この原則を貫くと，たとえば，相続人Ｂが障害者であってAの預金により生活費を賄っていたなどの場合においては，相続開始後において，Ｂが A名義の預金の払い戻しを受けられないことになります。これでは，単独での

⑶　最大決平成28年12月19日民集70巻8号2121頁。

預金債権の行使ができないことによる不都合が生じます。

そこで，新民法及び新家事事件手続法は，次のような例外を定め，各相続人がこのような不利益を回避できるようにしました。

①　小口の資金需要への対応策（新民法909条の2）

まず，新民法は，相続人が，相続開始時の預金債権額（口座ごと）の3分の1の金額に法定相続分を乗じた額の範囲内で，単独での払戻し請求ができるとしました。

たとえば，上記の例でBは，預金額450万円の3分の1（150万円）のうち，法定相続分である3分の1（50万円）までは，単独で払い戻しを受けることができます。

ただし，1つの銀行ごとに150万円が上限となります（平成30年法務省令29号）。

そして，これにより払い戻された金額は，遺産の一部分割（新民法907条）による取得とみなされます（新民法909条の2後段）。すなわち，本条にもとづきBが預金の払い戻しを受けた場合は，遺産の一部を先行して取得したとみなされます。そうすると，仮にBが，自己の相続分を超える金額の払い戻しを受けた場合は，遺産分割において，その過剰分について精算する義務が生じます（一問一答75～76頁）。これにより，相続人間の公平が図られます。

なお，Bが，A名義の預金を，ATMにおいてキャッシュカードを用いて引き出した場合や，Aであると偽って銀行窓口で払戻しを受けた場合は，この条文における「権利行使」には当たりません。これらは，後記(イ)の問題となります。

②　仮分割の仮処分（新家事手続法200条3項）

これは，相続人において遺産である預金の払い戻しを受ける必要があり，かつ，これにより共同相続人の利益を害しないと認められる場合に，預金債権の仮の分割を家庭裁判所に求めることができるとしたものです。

すなわち，遺産分割の調停や審判の申立てがされた場合に，家庭裁判所は，当事者からの申立に基き，その申立人において遺産分割前に預金の払い戻しを受ける必要があると認めるときに，遺産の預金債権を仮に取得させる旨の仮分割をすることができます。

ただし，これにより，他の共同相続人が適切に遺産の分配をうけることができなくなる場合は，共同相続人の利益を害するものとして，仮分割ができません。

たとえば，被相続人Ａが，預金の他に価値のある不動産を有していたの場合に，Ｂにおいて預金から生活費などを賄う必要があるときは，この仮分割によりＢに預金債権を取得させることが可能となります。なぜなら，今後の遺産分割においてＣ及びＤが不動産を取得することにより，その相続分に相当する財産の分配を受けることができるからです。

なお，新民法909条の2は，2019年7月1日に施行されました。ただし，施行日前に開始した相続についても，施行日以後に遺産である預金債権が行使されたときは，本条が適用されます（新民法附則5条1項）。これは，大量の預金債権を処理する金融機関の立場を考慮し，施行日以後の権利行使について一律に新民法を適用することとしたものです。

(イ)　遺産分割前に処分された財産について

次に，新民法は，相続人のうちの一部の人が，遺産分割前に共同相続財産を処分した場合には，処分された財産を遺産分割の対象とすることができる旨の規定を設けました（906条の2）。

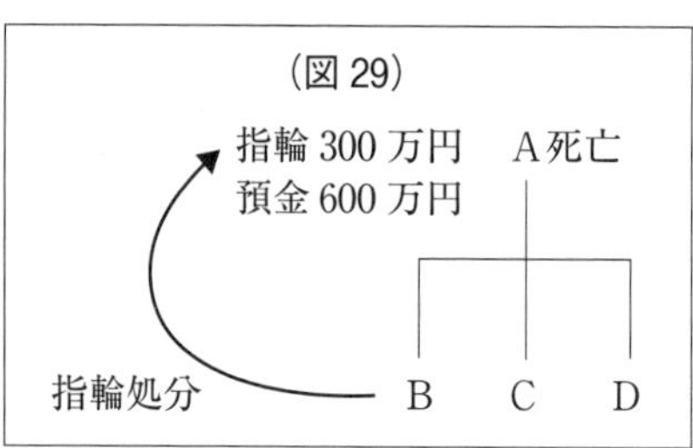

たとえば，Ａが，時価300万円の指輪と預金600万円を残して死亡し，その子であるＢ・Ｃ・Ｄが相続したところ，Ｂが遺産の指輪を勝手に売却して代金300万円を取得した場合を考えます（図29）。

このような一部の相続人(Ｂ)による相続財産（指輪）の処分があった場合に，遺産分割においてどのような処理をすべきかについては，旧民法には規定がありませんでした。実務においては，相続人間で処分した財産を「遺産分割の対象とする」旨の合意がされた場合を除き，遺産分割は，分割時に存在する財産のみを対象とするとされてきました（一問一答93頁）。その結果，Ｂが，指輪を遺産分割の対象とすることに反対した場合は，指輪の処分により得た利益300万円についても遺産分割の対象とすることができませんでした。

しかし，これでは相続人間の公平を害し，妥当とは言えません。

そこで，新民法は，まず，遺産分割前に共同相続した財産が処分された場合は，相続人全員の同意によって，処分された財産が「分割時に遺産として存在するものとみなす」としました（906条の2第1項)。その上で，共同相続人の一部(B)により相続財産が処分されたときは，その者の同意を得ることなく遺産とみなすことができる旨を定めました（同条2項)。

これにより，上記の例では，相続人のCとDは，指輪を処分したBの同意を得ることなく，これを遺産分割の対象とすることができます。したがって，すでにBが先行して指輪（300万円）を取得していることになり，預金600万円についてCとDで各300万円ずつ取得することができます。

こうして，遺産分割前の遺産の処分があった場合にも，本条により相続人間の公平を図ることができるのです。

なお，第三者であるEが，この指輪を盗み出して売却した場合は，共同相続人による処分ではないので，本条の適用はありません。この場合，B・C・Dは，Eに対して，不法行為に基づく損害賠償請求権などを有します。

なお，相続開始後にBが，Aの預金を，キャッシュカードを用いてATMで引き出したり，あるいはAであると偽って銀行窓口で払戻しを受けた場合は，新民法909条の2ではなく本条により解決されます。この預金引き出し等は，新民法909条の2による適法な払い戻しとは言えないからです（一問一答77頁)。したがって，このような行為によりBが引出した預金は，遺産の一部の取得とみなされ，残った財産についてCとDが相続分に応じて分配を受けることができます。

本条は，2019年7月1日に施行されました。なお，施行日前に開始した相続には適用されません（新民法附則2条)。

(3)　対抗要件の見直しについて

さて，旧民法下において，判例は，特定財産承継遺言（いわゆる「相続させる」遺言）により相続人が権利を取得した場合には，これについて登記をしなくても第三者に対抗できるとしていました[(4)]。遺言による相続分の指定の場合も同様とされています（一問一答160頁)。

しかし，そのような考え方には問題がありました。

(4)　最二判平成14年6月10日家月55巻1号77頁。

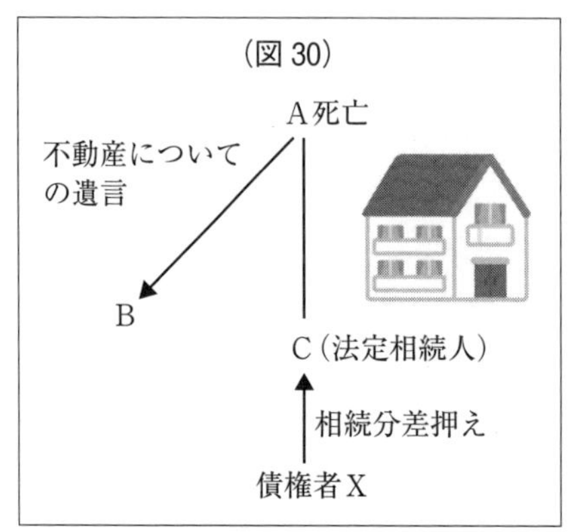

たとえば，Aが，所有する不動産について，子Bに「相続させる」旨の遺言を残して死亡した場合を考えてみましょう。この場合に，他の相続人として子Cがおり，Cの債権者Xが，この不動産のうちCの法定相続分を差し押さえることがあります（図30）。

この場合に，Bが，特定財産承継遺言に基づいて不動産所有権を取得したことを当然にXに対抗できるとすると，Xの差押えは効力を生じないこととなり，Xが予想外の損害を受けることとなります（一問一答160頁参照）。

また，このように当然に対抗できるとすると，相続人が特定財産承継遺言により不動産を取得したときは，相続登記をするインセンティブが生じないので，登記簿上の所有者不明土地が生じるおそれがあります（一問一答同頁参照）。

そこで，新民法は，相続による権利の承継については，登記などの対抗要件を備えなければ，法定相続分を超える部分について第三者に対抗できないとしました（899条の2）。

そうすると，上記の例においては，Bが特定財産承継遺言に基づく権利移転登記をしていないので，Cの法定相続分について差押えをした第三者Xに対抗できません。その結果，Xの差押えは有効となります。

また，Aが有する貸金債権などの債権を特定財産承継遺言によってBが承継した場合も，対抗要件を備えなければ法定相続分を超える取得部分を第三者に対抗できません。

ただし，債権譲渡を債務者に対抗するためには，債務者への通知または債務者の承諾が必要となる（民法467条）ことから，債権の共同相続がされたときは，本来は共同相続人全員による債務者への通知等が必要となります。ところが，遺言によって利益を受けることがない相続人（上記の例ではC）に「債務者に対する通知」を期待することは困難です。

そこで，新民法は，相続により債権を承継した相続人が，法定相続分を超える部分について対抗要件を取得する方法として，次の①または②を設けました（899条の2第2項）。

① その相続人が遺言（または遺産分割）の内容を明らかにしてする通知

Bが，Aから，預貯金などの債権を「相続させる」旨の遺言により取得したことを明らかにしてする通知です。この通知がなされた場合は，共同相続人全員の通知がされたとみなされます。

② 債務者の任意の承諾（一問一答 167 頁）

⑷ 自筆証書遺言制度の見直しについて

自筆証書遺言については，その利用を促進するための方策が規定されました。

㈠ 遺言の方式の緩和

まず，新民法は，自筆証書遺言の方式を緩和し，添付の財産目録自体は自書（自分で書くこと）する必要がないとしました（968 条 2 項，3 項）。

これは，旧民法において，自筆証書はその全文を自書しなければならないとされていた（968 条 1 項）ことを，一部改めたものです。

ただし，新民法においては，財産目録の各ページに署名し，かつ，押印する（本文の印と異なっても良い）必要があります（968 条 2 項）。これは，目録の偽造や変造をできる限り防止するためです。

なお，本条は，2019 年 1 月 13 日に施行されました。これは，原則的な施行日（2019 年 7 月 1 日）よりも早くなっていますが，遺言の方式を緩和することはできる限り速やかに認めるのが妥当であるからです。

㈡ 法務局における自筆証書遺言の保管制度

この制度は，手軽に作成できる自筆証書遺言について，法務局に保管ができるようにし，その偽造や変造などのトラブルを防ぐことを主たる目的としています。その概要は，以下の(ⅰ)から(ⅳ)のとおりです。

なお，この制度に関する自筆証書保管法（略称）は，2020 年 7 月 10 日に施行されています。

(ⅰ) 遺言者は，法務大臣指定の法務局である遺言書保管所に，自筆証書遺言の保管を申請することができます（遺言書保管法 2 条，3 条）。この申請は，遺言者本人が出頭して行わなければなりません（同法 4 条 6 項）

(ⅱ) その保管の際に，遺言書保管官（同法 3 条。保管事務を行う者）によって，新民法 968 条所定の方式について，外形的な確認がされます（遺言書保管法4条)。つまり，形式上の不備があれば遺言書保管官がチェックしますが，内容については何らチェックしません。

また，形式がチェックされるといっても，遺言書の有効性までは保障されません。

(iii) 遺言者の死亡後は，遺言者の相続人・受遺者等は，全国の遺言書保管所において，遺言が保管されているかどうかを調べることができます（同法10条1項)。すなわち，遺言書保管事実証明書（遺言書の作成年月日や保管されている遺言所保管所の名称などが記載されている証明書）の交付を請求できます。

なお，同条1項は「何人も」交付請求ができると規定していますが，あくまで「関係遺言書」つまり「自己が関係相続人等に該当する遺言書」（同法9条2項）のみ交付請求ができるにすぎません。したがって，請求者が「関係相続人等」（同法9条1項）に該当する遺言書に限られるので，全く無関係の人が交付請求できる訳ではありません。

さらに，遺言者の死亡後は，相続人・受遺者等は，遺言書情報証明書（遺言書の画像情報等を用いた証明書）の交付や閲覧の請求ができます（同法9条)。

(iv) この遺言書情報証明書については，裁判所の検認（民法1004条）が不要とされます（遺言書保管法11条)。

(5) 遺留分侵害額請求の制度について

さて，新民法は，遺留分すなわち，「被相続人の兄弟姉妹以外の相続人に認められる最低限度の取得分」について，次のアからエのとおり大幅な見直しをしました。

なお，遺留分に関する新民法の規定は，2019年7月1日に施行されました。ちなみに，施行日前に開始した相続については，この新民法は適用されません（新民法附則2条)。

(ア) 効果の見直し

すなわち，まず旧民法においては，遺留分減殺（げんさい）請求権という権利が相続人に認められており（旧民法1046条)，この権利を行使すると，遺留分を侵害する限度で遺贈または贈与が無効（一部無効）となるとされました

(物権的効果という)。

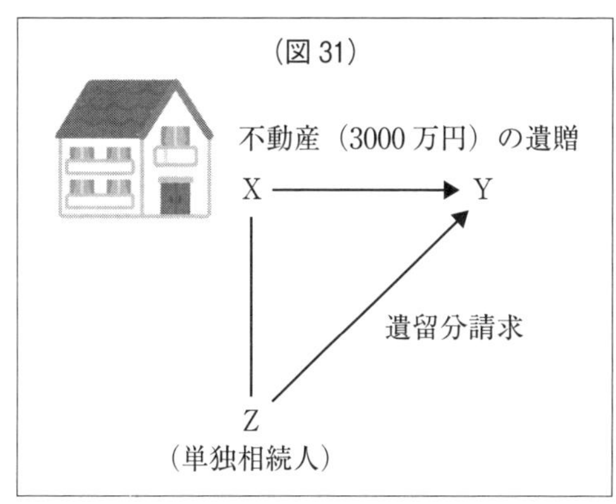

たとえば，Xが，所有する不動産（3000 万円）を「第三者Yに遺贈する」旨の遺言を残して死亡した場合を考えます（図 31)。この場合に，Xの単独相続人として子Zがいるときは，遺言書に基づくYへの不動産所有権の移転はZの遺留分を侵害します。

すなわち，この場合のZの遺留分は，法定相続分の２分の１であり（新民法 1042 条。旧民法 1028 条も同じ)，上記の例では 1500 万円の遺留分侵害を受けていることになります。

そこで，ZがYに対し，旧民法の遺留分減殺請求権を行使した場合は，その限度でYへの所有権移転が無効となります。その結果，Zが相続により不動産所有権の２分の１を取得するので，YとZが不動産について共有関係に立つこととなりました。

しかし，このような所有権移転の一部無効という効果は，「相続人の最低限度の取得分を認めて生活保障をする」という遺留分の趣旨から見て行きすぎと言えます。また，遺留分権利者は，実際には，不動産を相手方と共有することは望まず，金銭解決を求める場合が多いのが実情です。

そのようなことから，遺留分の効果を見直すことなり，新民法は，遺留分の権利行使により金銭の支払請求権が発生する旨を規定しました（1046 条)。つまり，この権利行使により，Zについての不動産の２分の１の持分権ではなく，Yに対する 1500 万円の支払請求権が発生することとなります。

このように，遺留分に関する権利が「金銭債権を発生させる権利」となったことから，この権利の名称も「遺留分侵害額請求権」という名称に変わりました。

もっとも，請求権とは言っても，この権利行使により当然に金銭債権が発生するので，契約の解除権などと同じく「形成権」（一方的に法律関係を形成する権利）に当たります。

なお，この形成権を行使するには，単に「遺留分侵害額請求権を行使する」

旨の通知をすれば足り，具体的な請求額を示す必要はありません。すなわち，権利者は，この形成権行使により発生した金銭債権の請求をする段階で，具体的な金額を示せば良いことになります。

他方で，遺贈を受けた受遺者や贈与を受けた受贈者は，この具体的な金額を示した請求があった時点で，履行遅滞に陥ることになります（一問一答124頁）。

⑷　遺留分額の算定方法と生前贈与について

次に，遺留分を算定するための財産の価額は，被相続人が相続開始の時において有した財産の価額に，贈与した財産の価額を加え，その合計額から被相続人の債務の全額を控除した額となります（新民法1043条1項）。

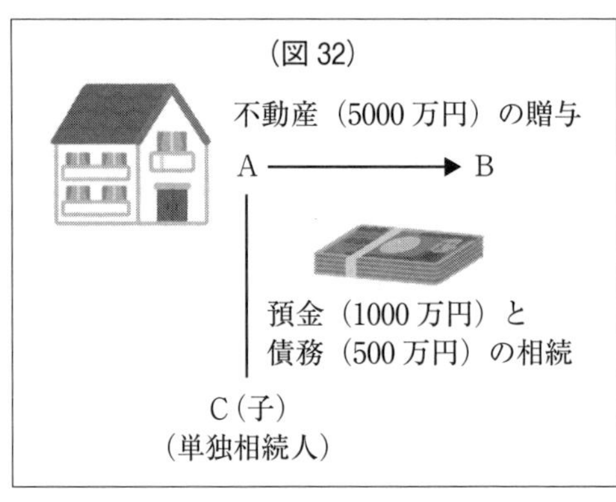

たとえば，Aが，不動産（5000万円）と預金（1000万円）を有し，かつ，借入金債務（500万円）を負っていた場合に，第三者Bに対して不動産を生前贈与して死亡したときは，子Cの遺留分の侵害額がいくらになるかを考えて見ましょう（図32）。

この場合，Cの遺留分を算定するための財産額は，A死亡時の預金額（1000万円）に，贈与した財産額（5000万円）を加えた計6000万円から，Aの債務額（500万円）を控除した額となります。つまり，残額である5500万円が，遺留分を算定するための財産の価額となります。

そして，この財産の価額に，Cの遺留分の割合（2分の1）を乗じた額である2750万円が遺留分額となります（新民法1042条1項2号）。

この遺留分額からCが相続によって取得した預金額（1000万円）を控除し，及びCが相続した債務額（500万円）を加えた額である2250万円が遺留分侵害額になります（新民法1046条2項）。したがって，Cが遺留分侵害額請求権を行使したときは，Bに対し2250万円の支払を請求できることになります。

なお，遺留分を害する負担付き贈与がされた場合は，贈与財産の価額から負担の価額を控除した額を，遺留分を算定するための財産に加えます（新民法

1045条1項)。ちなみに,「不相当な対価でされた売買」などの有償行為については,当事者双方が遺留分権利者に損害を加えることを知ってしたものに限り,その「対価を負担の価額とする負担付き贈与とみなす」旨が規定されました(同条2項)。

ところで,この遺留分を算定するための財産の価額に算入すべき贈与は,原則として相続開始前の1年間にしたものに限られます(新民法1044条1項。旧民法1030条も同旨)。

もっとも,判例は,旧民法1030条は「相続人以外の第三者に対して生前贈与がされた場合」の規定であるとし,相続人に対して贈与がされた場合は,その時期を問わず全てが遺留分請求の対象となるとしていました[(5)]。

しかし,そうすると,相続人に対してされた生前贈与については,どのように古い時期のものであっても無制限に算入されることになり,第三者である受遺者・受贈者に不測の損害を与えるおそれがあります(一問一答135頁)。ただし,時期による制限をすると,相続人間の公平を害するおそれがないとは言えません。

そこで,新民法は,これらを考慮して,相続人に対する生前贈与については,相続開始前の10年間にされたものに限り,遺留分を算定するための財産の価額に含めることとしました(1044条3項,同条1項)。

この点も旧民法下と異なりますので注意が必要です。

㈦　権利行使の期間制限と金銭債権の時効について

また,遺留分侵害額請求権は,遺留分権利者が,相続の開始及び遺留分を侵害する遺贈または贈与があったことを知った時から1年間行使しないときは,時効によって消滅します(新民法1048条)。この点は,旧民法でも同様でしたが,遺贈があることを知った時から1年という短い期間となりますので,注意が必要です。

ただし,この権利(形成権)を行使すれば,これによって発生した金銭債権には一般の消滅時効の規定が適用されます。

なお,一般の消滅時効の規定も,2020年4月1日に施行された新債権法により見直しがされており,その新債権法が適用されるか否かで異なってきます。

---

(5)　最三判平成10年3月24日民集52巻2号433頁。

すなわち，新債権法の施行日前に遺留分侵害額請求権が行使された時は，その時から10年間（旧民法167条1項）で金銭債権が時効消滅します。逆に，新債権法の施行日以後にこの請求権が行使された場合は，その時から5年間（新民法166条1項）で金銭債権が時効消滅します（一問一答125頁(6)）。

(エ) 相手方において直ぐに金銭を準備することができない場合について

上記のとおり，遺留分侵害額請求権の行使により金銭債権が発生しますが，請求を受けた受遺者等（図32のB）が，直ぐには金銭の支払いができない場合があります。

たとえば，図32の例で，Aから贈与によって不動産を取得したBに金銭的余裕がない場合があります。この場合は，相続人Cの遺留分侵害額請求権の行使に基づく金銭支払い請求に対して，Bが不動産を売却するなどして資金を調達する必要があり，直ぐには応じることができません。

しかも，遺留分侵害額請求権をいつ行使するかは，上記の期間制限の範囲内であればCの自由です。そうすると，Cの権利行使が認められた場合に相手方Bが「直ぐに金銭を支払わなければならない」とするのは酷です。

そこで，新民法は，受遺者・受贈者(B)の立場に配慮する規定を設けました。すなわち，裁判所は，受遺者等の申立てに基づき，遺留分侵害額の全部又は一部の支払について，相当の期限を許与できるとしました（1047条5項）。こうして，受遺者等は裁判において金銭の支払について猶予期間を与えられます。

この相当の期限とは，受遺者等が「その金銭の準備をするのに通常必要な期間」であり，個別の事情に基づき裁判所が判断します。

---

(6)　なお，たとえば，相続開始が2020年3月1日（旧債権法下）である場合に，遺留分侵害額請求権の行使が同年4月末（新債権法下）にされたときは，この権利行使によって生じた金銭債権の時効期間については，新・旧民法のいずれが適用されるかが問題となります。

この点，新債権法の消滅時効の規定は，施行日以後に発生した債権に適用されるのが原則ですが，そのような債権であっても「施行日前にされた法律行為によって生じた債権」には適用されません（新債権法附則10条4項）。これは，契約などの法律行為によって生じた債権は，その当時の法律（旧民法）の適用を受けることを当事者が期待するのが通常であるからです。

しかし，相続の開始は，法律行為（契約など意思表示に基づくもの）には当たりませんので，新債権法166条1項が適用されます。そうすると，この場合は，発生した金銭債権の時効期間は5年となります（一問一答125頁注）。

なお，仮に，受遺者等が，裁判所が定めた期限内に支払をしなかった場合は，その時から履行遅滞となります(7)。

⑹　特別寄与の制度について

㈠　制度の趣旨

被相続人の親族が，被相続人の療養看護などの労務提供をして相続財産の維持・増加に特別の寄与をした場合であっても，その親族が相続人でないときは，寄与分は認められません（民法904条の2）。

そうすると，療養看護をした親族と相続人との間で，不公平が生じます。

たとえば，A（高齢者）の子としてB・C・Dがいたところ，Aの生前中にBが死亡し，Bの妻Xが，Dと一緒にAの介護をして，Aの財産の維持に貢献した場合を考えてみましょう（図33）。

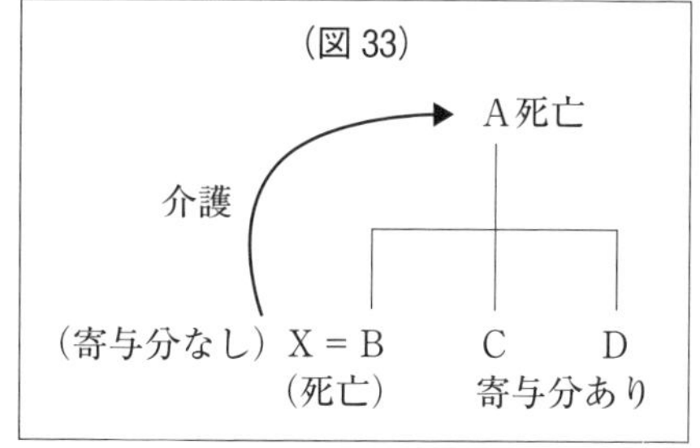

この場合，Dには寄与分が認められますが，Xには寄与分が認められません。また，BがAよりも先に死亡しているため，Aの財産についてのBの相続分はなく，Xはその相続分取得もできません。

そこで，新民法は，このような相続人以外の親族が，相続人C及びDに対して，特別寄与料として一定の金銭の支払を請求できるとしました（1050条1項）。

㈡　要件や算定方法はどうか？

この請求が認められるためには，次の①と②の要件を充すことが必要です（同項）。

① 被相続人の親族（相続人以外）が，被相続人に対して無償で療養看護その他の労務を提供したこと

② これにより被相続人の財産の維持または増加について特別の寄与をしたこと

---

(7)　遺留分権利者から金銭支払請求訴訟が提起された場合は，受遺者等は期限許与を求めて反訴提起をする必要があると指摘されています（一問一答128頁）。

また，特別寄与料の額は，寄与分の額を参考にして算定されるところ，療養看護型の寄与分に関する実務では，「第三者が同様の療養看護を行った場合における日当額に，療養看護の日数を乗じた金額」をもとに，一定の割合（0.5～0.7）を乗じて算定するとされています（一問一答185頁以下）。

ただし，特別寄与料の額は，相続人が「相続財産から現に受ける利益の価額」を上限とします。つまり，被相続人が相続開始の時において有した財産の価額から遺贈の価額を控除した残額を超えることができません（同条４項）。

なお，この特別寄与料について，上記の親族(X)と相続人（Ｃ及びＤ）との協議がまとまらないとき又は協議をすることができないときは，その親族(X)が家庭裁判所に対し，協議に代わる処分を申し立てることができます（同条２項）。

ちなみに，相続人が複数いる（図33のＣとＤ）場合は，法定相続分（この例では各２分の１）または指定相続分（遺言で指定した相続分）の割合に応じて，特別寄与料を請求できます（同条５項）。

(ウ)　権利行使の期間制限

この特別寄与料については，特別寄与者が「相続の開始及び相続人を知った時から６カ月」または「相続開始から１年」を経過したときは，請求ができません（同条２項）。これは，特別寄与料の請求がされるか否か，その額がどうなるかによって，相続人間の遺産分割が影響を受けることから，できる限り早期に権利関係を確定する必要があるからです。

なお，この期間は，期限が過ぎれば当然に請求ができなくなるもの（除斥期間）であり，時効の更新や完成猶予（民法147条以下）などの措置を取ることはできません。

第8章 新法が事業承継に与える影響について

最後に，今まで述べた新法が，事業承継に与える影響について，そのポイントを解説します。

なお，以下の解説は，事業承継法制全般について説明するものではなく，あくまで事業承継に新民法・新登記法が与える影響に絞って，要点を説明するものです。

1　事業承継に関する遺言がない場合

まず，事業承継を円滑に行うために最も重要なことは，被相続人が事業承継について遺言書を作成しておくことです。以下，まず，遺言書がない場合に遺産分割がどのような方向になるかについて具体的に述べ，その後に事業承継に有用な遺言書がある場合を検討します。

たとえば，個人事業を営んでいたAが死亡し，子のB・C・Dが相続した場合で，BのみがAの事業に携わり，C・Dが事業に携わっておらず事業の継続に関心が無いときを考えます（図34）。

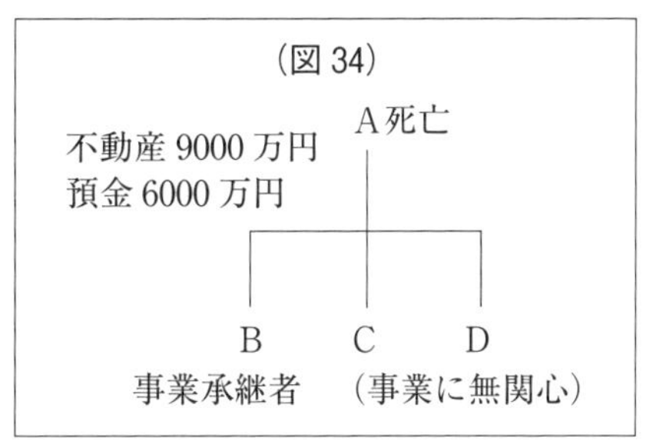

この場合に，事業用の不動産（時価9000万円）と預金（6000万円）が相続財産であり，Aが遺言を残していない場合は，B・C・Dは法定相続分に従い，各3分の1の割合（5000万円）で相続します。

そして，この相続財産についてB・C・D間で遺産分割協議が行われますが，Bが「事業を継続したいので不動産を単独で相続したい」と希望した場合に，C及びDが，これに反対することがあります。なぜなら，不動産（9000万円）をBが単独で相続した場合は，CとDは残った預金の2分の1（各3000万円）を取得するほかなく，それぞれの法定相続分（各5000万円）に2000万円ずつ足りないからです。

もちろん，Ｂに資金的に余裕があり，不動産の取得の代償として，ＣとＤに対して2000万円ずつ支払う（以下「代償金」という）ことができれば，遺産分割協議が成立するのが通常です。

しかし，その余裕がなく支払ができない場合には，ＣとＤが「不動産を売却して，その代金を分配する」よう求めて来ることがあります。

これに対し，Ｂが，「Ａの事業に関して労務の提供をしたので寄与分がある」旨を主張することが考えられます。しかし，寄与分は「特別な寄与」（民法904条の2）である必要がありますので，Ａの生存中にＢが労務の対価として相当程度の報酬をＡから得ていたときは，この主張は認められません（逆に，無報酬または小遣い程度の報酬しか得ていなかった場合は，相当な範囲で寄与分が認められます）。

そして，ＣとＤが，遺産分割協議においてＢの寄与分をそのまま認めればともかく，これを認めない場合または寄与分の金額を争う場合は，遺産分割協議が難航します[(1)]。

このような経緯で，ＣやＤから，Ｂに対し，遺産分割調停や審判が申し立てられる例が散見されます。その調停や審判において，Ｂの寄与分の主張等がまったく又は不十分にしか認められない場合で，かつ，ＢがＣとＤに代償金を支払うことができないときには，結局のところ裁判所から，その不動産を売却

---

(1)　このような相続紛争もあって，旧登記法下では，不動産登記が被相続人(A)名義のまま放置されている「登記簿上の所有者不明土地」が生じました。

この問題の対策として，すでに述べたとおり，相続登記が義務化されました。また，これに違反したときは，10万円以下の過料に処せられます（新登記法76条の2，164条1項）。

そこで，この登記義務を免れるために，Ｂが法定相続登記（単独でできます）をした場合は，不動産についてＣとＤの相続分が３分の１である旨が登記されます。

ところが，そうすると，法律的にはともかく，実際にはＣやＤから「Ｂが，事業用不動産についてＣ・Ｄの持分を認めた。相続登記がその証拠である。」などの主張がされ，無用の紛争が生じます。

このような無用の紛争を避けつつ，登記義務を履行するためには，新登記法の「相続人申告登記」（単独でできます）をすることをお勧めします。この登記においては，法定相続登記と異なり，相続持分が登記されません（第４章の１参照）。

なお，相続開始から10年が経過した場合は，新民法により，寄与分や特別受益（生前贈与）の主張が原則としてできませんので，遺産は法定相続分（または指定相続分）の割合に応じて分割されます（新民法904条の3）。詳しくは，第３章２をご覧下さい。

して代金を分割するよう和解勧告が出ることがあります。そうすると，この不動産を利用した事業承継は困難となります。

このような事態に対処するために最も重要なのは，Ａが事業承継のための遺言を残しておくことです。この点，遺言書の作成は，以前よりも件数が増えていますが，私の経験ではまだまだ不十分と思われます。被相続人(A)としては，「相続人Ｂらに任せておけば大丈夫である」という気持ちであるとは思いますが，事業承継というのは，上記のとおり簡単なことではありません。

したがって，事業承継を円滑に行うことを希望するのであれば，Ａが事業承継に有用な遺言書を残しておく必要があります。

また，Ａが会社を設立して事業をしているが，その不動産がＡの所有である場合も，同様な紛争が生じ得ます。なぜなら，事業を会社で行っていても，Ａが所有する不動産はＡの相続財産であるからです。

次に，その不動産が，Ａにおいて経営する会社の所有である場合も，事業承継については難しい問題が生じます。すなわち，Ａが死亡してその会社の株式をＢ・Ｃ・Ｄが共同相続した場合は，同人らが株式を準共有（新民264条）します。その場合には，株主の権利を行使すべき者１名を定めて会社に通知する必要があり，その１名だけが株主として権利行使できます（会社法106条）。そして，この権利の行使者の決定は，共有物の管理行為（新民法252条）として各共有者の持分の価格に従い，その過半数で決めることとなっています。つまり，この場合にＣとＤが協議してＣ（又はＤ）を権利行使者と定めたときは，Ｂが実際には事業を承継していても権利行使ができません（なお，これに対しては有力な反対説があります。前掲江頭123頁）。

2　事業承継に関する遺言がある場合

これに対し，上記の例において，Ａが「不動産その他一切の財産を，Ｂに相続させる」旨の遺言書を残した場合は，どうなるでしょうか。

この場合，Ｂは，この遺言書に基づき，不動産の所有権を取得し，かつ，その旨の登記を単独で申請できます。また，預金も，「その他一切の財産」として相続により取得できます。

ただし，この遺言は，ＣやＤの遺留分を侵害しますので，Ｂはこれに対応しなければなりません。

しかし，Ｃ・Ｄから遺留分侵害額請求がされた場合のＢの負担額は，遺産分割の場合の負担額に比べて大きく低減されます。

すなわち，この場合，相続財産である不動産と預金の合計額は１億5000万円であり，ＣとＤの遺留分額は法定相続分の２分の１（6分の1）ですので，各2500万円となります（新民法1042条，1043条）。つまり，このような遺言がある場合は，ＣやＤは法定相続分の半分の取り分しか主張できません。

したがって，Ｂが，ＣとＤに対し，預金から各2500万円を支払うことにより同人らの遺留分請求に対応できます。こうして，Ａの遺言によりＢに財産を承継させた場合は，不動産が売却される事態を防ぐことが可能となるのです。

ただし，この例の場合に，仮に預金が3000万円しかない場合は，Ａの相続財産は計１億2000万円となり，ＣとＤの遺留分（6分の1）が各2000万円となるので，預金（計3000万円）によるカバーができません。つまり，ＣとＤが預金から２分の１ずつ支払を受けても，遺留分がなお各500万円分侵害されていることとなります。

もっとも，遺留分を侵害する場合でも，新民法が遺留分侵害額請求権を「金銭債権を発生させる権利」（新民法1046条）としているので，Ｃ・Ｄは旧法下のような「不動産に対する持分権」を取得することはありません（第７章の2）。つまり，Ｂは，Ｃ及びＤとの間で金銭支払での解決をすることができます。

この点でも，新民法の規定により，事業承継が円滑に行われるようになったことが分かります。

ちなみに，Ｂが，裁判において，遺留分額の合計1000万円を直ぐには支払うことができないと認められた場合は，その支払について相当期間の猶予を受けることができます（新民法1047条）。

◇参照条文◇

1　民法（2018年・2021年改正　主なもの）　新旧条文対照表

＊　以下，条文ごとに，〈　〉において，一部改正，新設及び全面改定の区別をしている。ただし，その区別は相対的であり解説を参照されたい。なお，一部改正のみ，改正部分をアンダーラインで示している。

（隣地の使用） 第209条〈2021年一部改正〉 1　土地の所有者は，次に掲げる目的のため必要な範囲内で，隣地を使用することができる。ただし，住家については，その居住者の承諾がなければ，立ち入ることはできない。 (1)境界又はその付近における障壁，建物その他の工作物の築造，収去又は修繕 (2)境界標の調査又は境界に関する測量 (3)第233条第3項の規定による枝の切取り 2　前項の場合には，使用の日時，場所及び方法は，隣地の所有者及び隣地を現に使用している者（以下この条において「隣地使用者」という。）のために損害が最も少ないものを選ばなければならない。 3　第1項の規定により隣地を使用する者は，あらかじめ，その目的，日時，場所及び方法を隣地の所有者及び隣地使用者に通知しなければならない。ただし，あらかじめ通知することが困難なときは，使用を開始した後，遅滞なく，通知することをもって足りる。 4　第1項の場合において，隣地の所有者又は隣地使用者が損害を受けたときは，その償金を請求することができる。	（隣地の使用請求） 第209条 1　土地の所有者は，境界又はその付近において障壁又は建物を築造し又は修繕するため必要な範囲内で，隣地の使用を請求することができる。ただし，隣人の承諾がなければ，その住家に立ち入ることはできない。 2　前項の場合において，隣人が損害を受けたときは，その償金を請求することができる。
第213条の2〈2021年新設〉 1　土地の所有者は，他の土地に設備を設置し，又は他人が所有する設備を使用しなければ電気，ガス又は水道水の供給その他これらに類する継続的給付（以下この項及び次条第1項において「継続的給付」という。）を受けることができないときは，継続的給付を受けるため必要な範囲内で，他の土地に設備を設置し，又は他人が所有する設備を使用することができる。 2　前項の場合には，設備の設置又は使用の場所及び方法は，他の土地又は他人が所有する設備（次項において「他の土地等」という。）のために損害が最も少ないものを選ばなければならない。 3　第1項の規定により他の土地に設備を設置し，又は他人が所有する設備を使用する者は，あらかじめ，その目的，場所及び方法を他の土地等の所有者及び他の土地を現に使用している者に通知しなければならない。 4　第1項の規定による権利を有する者は，同項の規定により他の土地に設備を設置し，又は他人が所有する設備を使用するために当該他の土地又は当該他人が所有する設備がある土地を使用することができる。この場合においては，第209条第1項ただし書及び第2項から第4項までの規定を準用する。	

5　第1項の規定により他の土地に設備を設置する者は，その土地の損害（前項において準用する第209条第4項に規定する損害を除く。）に対して償金を支払わなければならない。ただし，1年ごとにその償金を支払うことができる。 6　第1項の規定により他人が所有する設備を使用する者は，その設備の使用を開始するために生じた損害に対して償金を支払わなければならない。 7　第1項の規定により他人が所有する設備を使用する者は，その利益を受ける割合に応じて，その設置，改築，修繕及び維持に要する費用を負担しなければならない。	
第213条の3〈2021年新設〉 1　分割によって他の土地に設備を設置しなければ継続的給付を受けることができない土地が生じたときは，その土地の所有者は，継続的給付を受けるため，他の分割者の所有地のみに設備を設置することができる。この場合においては，前条第5項の規定は，適用しない。 2　前項の規定は，土地の所有者がその土地の一部を譲り渡した場合について準用する。	
（竹木の枝の切除及び根の切取り） **第233条**〈2021年一部改正〉 1　土地の所有者は，隣地の竹木の枝が境界線を越えるときは，その竹木の所有者に，その枝を切除させることができる。 2　前項の場合において，竹木が数人の共有に属するときは，各共有者は，その枝を切り取ることができる。 3　第1項の場合において，次に掲げるときは，土地の所有者は，その枝を切り取ることができる。 ⑴竹木の所有者に枝を切除するよう催告したにもかかわらず，竹木の所有者が相当の期間内に切除しないとき。 ⑵竹木の所有者を知ることができず，又はその所在を知ることができないとき。 ⑶急迫の事情があるとき。 4　隣地の竹木の根が境界線を越えるときは，その根を切り取ることができる。	（竹木の枝の切除及び根の切取り） **第233条** 1　隣地の竹木の枝が境界線を越えるときは，その竹木の所有者に，その枝を切除させることができる。 2　［新第4項と同じ］
（共有物の使用） **第249条**〈2021年一部改正〉 1　各共有者は，共有物の全部について，その持分に応じた使用をすることができる。 2　共有物を使用する共有者は，別段の合意がある場合を除き，他の共有者に対し，自己の持分を超える使用の対価を償還する義務を負う。 3　共有者は，善良な管理者の注意をもって，共有物の使用をしなければならない。	（共有物の使用） **第249条** ［新第1項と同じ］

（共有物の変更） 第 251 条〈2021 年一部改正〉 1　各共有者は，他の共有者の同意を得なければ，共有物に変更（その形状又は効用の著しい変更を伴わないものを除く。次項において同じ。）を加えることができない。 2　共有者が他の共有者を知ることができず，又はその所在を知ることができないときは，裁判所は，共有者の請求により，当該他の共有者以外の他の共有者の同意を得て共有物に変更を加えることができる旨の裁判をすることができる。	（共有物の変更） 第 251 条 各共有者は，他の共有者の同意を得なければ，共有物に変更を加えることができない。
（共有物の管理） 第 252 条〈2021 年全面改定〉 1　共有物の管理に関する事項（次条第 1 項に規定する共有物の管理者の選任及び解任を含み，共有物に前条第 1 項に規定する変更を加えるものを除く。次項において同じ。）は，各共有者の持分の価格に従い，その過半数で決する。共有物を使用する共有者があるときも，同様とする。 2　裁判所は，次の各号に掲げるときは，当該各号に規定する他の共有者以外の共有者の請求により，当該他の共有者以外の共有者の持分の価格に従い，その過半数で共有物の管理に関する事項を決することができる旨の裁判をすることができる。 (1)共有者が他の共有者を知ることができず，又はその所在を知ることができないとき。 (2)共有者が他の共有者に対し相当の期間を定めて共有物の管理に関する事項を決することについて賛否を明らかにすべき旨を催告した場合において，当該他の共有者がその期間内に賛否を明らかにしないとき。 3　前 2 項の規定による決定が，共有者間の決定に基づいて共有物を使用する共有者に特別の影響を及ぼすべきときは，その承諾を得なければならない。 4　共有者は，前 3 項の規定により，共有物に，次の各号に掲げる賃借権その他の使用及び収益を目的とする権利（以下この項において「賃借権等」という。）であって，当該各号に定める期間を超えないものを設定することができる。 (1)樹木の栽植又は伐採を目的とする山林の賃借権等　10 年 (2)前号に掲げる賃借権等以外の土地の賃借権等　5 年 (3)建物の賃借権等　3 年 (4)動産の賃借権等　6 箇月 5　各共有者は，前各項の規定にかかわらず，保存行為を	（共有物の管理） 第 252 条 共有物の管理に関する事項は，前条の場合を除き，各共有者の持分の価格に従い，その過半数で決する。ただし，保存行為は，各共有者がすることができる。

することができる。	
（共有物の管理者） **第252条の2**〈2021年新設〉 **1**　共有物の管理者は，共有物の管理に関する行為をすることができる。ただし，共有者の全員の同意を得なければ，共有物に変更（その形状又は効用の著しい変更を伴わないものを除く。次項において同じ。）を加えることができない。 **2**　共有物の管理者が共有者を知ることができず，又はその所在を知ることができないときは，裁判所は，共有物の管理者の請求により，当該共有者以外の共有者の同意を得て共有物に変更を加えることができる旨の裁判をすることができる。 **3**　共有物の管理者は，共有者が共有物の管理に関する事項を決した場合には，これに従ってその職務を行わなければならない。 **4**　前項の規定に違反して行った共有物の管理者の行為は，共有者に対してその効力を生じない。ただし，共有者は，これをもって善意の第三者に対抗することができない。	
（裁判による共有物の分割） **第258条**〈2021年一部改正〉 **1**　共有物の分割について共有者間に協議が調わないとき，又は協議をすることができないときは，その分割を裁判所に請求することができる。 **2**　裁判所は，次に掲げる方法により，共有物の分割を命ずることができる。 ⑴共有物の現物を分割する方法 ⑵共有者に債務を負担させて，他の共有者の持分の全部又は一部を取得させる方法 **3**　前項に規定する方法により共有物を分割することができないとき，又は分割によってその価格を著しく減少させるおそれがあるときは，裁判所は，その競売を命ずることができる。 **4**　裁判所は，共有物の分割の裁判において，当事者に対して，金銭の支払，物の引渡し，登記義務の履行その他の給付を命ずることができる。	（裁判による共有物の分割） **第258条** **1**　共有物の分割について共有者間に協議が調わないときは，その分割を裁判所に請求することができる。 **2**　前項の場合において，共有物の現物を分割することができないとき，又は分割によってその価格を著しく減少させるおそれがあるときは，裁判所は，その競売を命ずることができる。
第258条の2〈2021年新設〉 **1**　共有物の全部又はその持分が相続財産に属する場合において，共同相続人間で当該共有物の全部又はその持分について遺産の分割をすべきときは，当該共有物又はその持分について前条の規定による分割をすることができない。 **2**　共有物の持分が相続財産に属する場合において，相続開始の時から10年を経過したときは，前項の規定にかかわらず，相続財産に属する共有物の持分につい	

て前条の規定による分割をすることができる。ただし，当該共有物の持分について遺産の分割の請求があった場合において，相続人が当該共有物の持分について同条の規定による分割をすることに異議の申出をしたときは，この限りでない。
3　相続人が前項ただし書の申出をする場合には，当該申出は，当該相続人が前条第 1 項の規定による請求を受けた裁判所から当該請求があった旨の通知を受けた日から 2 箇月以内に当該裁判所にしなければならない。

（所在等不明共有者の持分の取得）
第 262 条の 2〈2021 年新設〉
1　不動産が数人の共有に属する場合において，共有者が他の共有者を知ることができず，又はその所在を知ることができないときは，裁判所は，共有者の請求により，その共有者に，当該他の共有者（以下この条において「所在等不明共有者」という。）の持分を取得させる旨の裁判をすることができる。この場合において，請求をした共有者が 2 人以上あるときは，請求をした各共有者に，所在等不明共有者の持分を，請求をした各共有者の持分の割合で按分してそれぞれ取得させる。
2　前項の請求があった持分に係る不動産について第 258 条第 1 項の規定による請求又は遺産の分割の請求があり，かつ，所在等不明共有者以外の共有者が前項の請求を受けた裁判所に同項の裁判をすることについて異議がある旨の届出をしたときは，裁判所は，同項の裁判をすることができない。
3　所在等不明共有者の持分が相続財産に属する場合（共同相続人間で遺産の分割をすべき場合に限る。）において，相続開始の時から 10 年を経過していないときは，裁判所は，第 1 項の裁判をすることができない。
4　第 1 項の規定により共有者が所在等不明共有者の持分を取得したときは，所在等不明共有者は，当該共有者に対し，当該共有者が取得した持分の時価相当額の支払を請求することができる。
5　前各項の規定は，不動産の使用又は収益をする権利（所有権を除く。）が数人の共有に属する場合について準用する。

（所在等不明共有者の持分の譲渡）
第 262 条の 3〈2021 年新設〉
1　不動産が数人の共有に属する場合において，共有者が他の共有者を知ることができず，又はその所在を知ることができないときは，裁判所は，共有者の請求により，その共有者に，当該他の共有者（以下この条において「所在等不明共有者」という。）以外の共有者の全員が特定の者に対してその有する持分の全部を譲渡することを停止条件として所在等不明共有者の持分を当該特定の者に譲渡する権限を付与する旨の裁判をすることができる。
2　所在等不明共有者の持分が相続財産に属する場合（共同相続人間で遺産の分割をすべき場合に限る。）において，相続開始の時から 10 年を経過していないときは，裁判所は，前項の裁判をすることができない。
3　第 1 項の裁判により付与された権限に基づき共有者が所在等不明共有者の持分を第三者に譲渡したときは，所在等不明共有者は，当該譲渡をした共有者に対し，

<table>
<tr><td colspan="2">不動産の時価相当額を所在等不明共有者の持分に応じて按分して得た額の支払を請求することができる。
4　前3項の規定は，不動産の使用又は収益をする権利（所有権を除く。）が数人の共有に属する場合について準用する。</td></tr>
<tr><td>（準共有）
第264条〈2021年一部改正〉
　この節（第262条の2及び第262条の3を除く。）の規定は，数人で所有権以外の財産権を有する場合について準用する。ただし，法令に特別の定めがあるときは，この限りでない。</td><td>**第264条**
　この節の規定は，数人で所有権以外の財産権を有する場合について準用する。ただし，法令に特別の定めがあるときは，この限りでない。</td></tr>
<tr><td colspan="2">（所有者不明土地管理命令）
第264条の2〈2021年新設〉
1　裁判所は，所有者を知ることができず，又はその所在を知ることができない土地（土地が数人の共有に属する場合にあっては，共有者を知ることができず，又はその所在を知ることができない土地の共有持分）について，必要があると認めるときは，利害関係人の請求により，その請求に係る土地又は共有持分を対象として，所有者不明土地管理人（第4項に規定する所有者不明土地管理人をいう。以下同じ。）による管理を命ずる処分（以下「所有者不明土地管理命令」という。）をすることができる。
2　所有者不明土地管理命令の効力は，当該所有者不明土地管理命令の対象とされた土地（共有持分を対象として所有者不明土地管理命令が発せられた場合にあっては，共有物である土地）にある動産（当該所有者不明土地管理命令の対象とされた土地の所有者又は共有持分を有する者が所有するものに限る。）に及ぶ。
3　所有者不明土地管理命令は，所有者不明土地管理命令が発せられた後に当該所有者不明土地管理命令が取り消された場合において，当該所有者不明土地管理命令の対象とされた土地又は共有持分及び当該所有者不明土地管理命令の効力が及ぶ動産の管理，処分その他の事由により所有者不明土地管理人が得た財産について，必要があると認めるときも，することができる。
4　裁判所は，所有者不明土地管理命令をする場合には，当該所有者不明土地管理命令において，所有者不明土地管理人を選任しなければならない。</td></tr>
<tr><td colspan="2">（所有者不明土地管理人の権限）
第264条の3〈2021年新設〉
1　前条第4項の規定により所有者不明土地管理人が選任された場合には，所有者不明土地管理命令の対象とされた土地又は共有持分及び所有者不明土地管理命令の効力が及ぶ動産並びにその管理，処分その他の事由により所有者不明土地管理人が得た財産（以下「所有者不明土地等」という。）の管理及び処分をする権利は，所有者不明土地管理人に専属する。</td></tr>
</table>

2　所有者不明土地管理人が次に掲げる行為の範囲を超える行為をするには，裁判所の許可を得なければならない。ただし，この許可がないことをもって善意の第三者に対抗することはできない。 ⑴保存行為 ⑵所有者不明土地等の性質を変えない範囲内において，その利用又は改良を目的とする行為
（所有者不明土地等に関する訴えの取扱い） **第264条の4**〈2021年新設〉 所有者不明土地管理命令が発せられた場合には，所有者不明土地等に関する訴えについては，所有者不明土地管理人を原告又は被告とする。
（所有者不明土地管理人の義務） **第264条の5**〈2021年新設〉 1　所有者不明土地管理人は，所有者不明土地等の所有者（その共有持分を有する者を含む。）のために，善良な管理者の注意をもって，その権限を行使しなければならない。 2　数人の者の共有持分を対象として所有者不明土地管理命令が発せられたときは，所有者不明土地管理人は，当該所有者不明土地管理命令の対象とされた共有持分を有する者全員のために，誠実かつ公平にその権限を行使しなければならない。
（所有者不明土地管理人の解任及び辞任） **第264条の6**〈2021年新設〉 1　所有者不明土地管理人がその任務に違反して所有者不明土地等に著しい損害を与えたことその他重要な事由があるときは，裁判所は，利害関係人の請求により，所有者不明土地管理人を解任することができる。 2　所有者不明土地管理人は，正当な事由があるときは，裁判所の許可を得て，辞任することができる。
（所有者不明土地管理人の報酬等） **第264条の7**〈2021年新設〉 1　所有者不明土地管理人は，所有者不明土地等から裁判所が定める額の費用の前払及び報酬を受けることができる。 2　所有者不明土地管理人による所有者不明土地等の管理に必要な費用及び報酬は，所有者不明土地等の所有者（その共有持分を有する者を含む。）の負担とする。
（所有者不明建物管理命令） **第264条の8**〈2021年新設〉 1　裁判所は，所有者を知ることができず，又はその所在を知ることができない建物（建物が数人の共有に属する場合にあっては，共有者を知ることができず，又はその所在を知ることができない建物の共有持分）について，必要があると認めるときは，利害関係人の請求により，その請求に係る建物又は共有持分を対象として，所有者不明建物管理人（第4項に規定する所有者不明建物管理人をいう。

以下この条において同じ。）による管理を命ずる処分（以下この条において「所有者不明建物管理命令」という。）をすることができる。
2　所有者不明建物管理命令の効力は，当該所有者不明建物管理命令の対象とされた建物（共有持分を対象として所有者不明建物管理命令が発せられた場合にあっては，共有物である建物）にある動産（当該所有者不明建物管理命令の対象とされた建物の所有者又は共有持分を有する者が所有するものに限る。）及び当該建物を所有し，又は当該建物の共有持分を有するための建物の敷地に関する権利（賃借権その他の使用及び収益を目的とする権利（所有権を除く。）であって，当該所有者不明建物管理命令の対象とされた建物の所有者又は共有持分を有する者が有するものに限る。）に及ぶ。
3　所有者不明建物管理命令は，所有者不明建物管理命令が発せられた後に当該所有者不明建物管理命令が取り消された場合において，当該所有者不明建物管理命令の対象とされた建物又は共有持分並びに当該所有者不明建物管理命令の効力が及ぶ動産及び建物の敷地に関する権利の管理，処分その他の事由により所有者不明建物管理人が得た財産について，必要があると認めるときも，することができる。
4　裁判所は，所有者不明建物管理命令をする場合には，当該所有者不明建物管理命令において，所有者不明建物管理人を選任しなければならない。
5　第 264 条の 3 から前条までの規定は，所有者不明建物管理命令及び所有者不明建物管理人について準用する。

（管理不全土地管理命令）
第 264 条の 9〈2021 年新設〉
1　裁判所は，所有者による土地の管理が不適当であることによって他人の権利又は法律上保護される利益が侵害され，又は侵害されるおそれがある場合において，必要があると認めるときは，利害関係人の請求により，当該土地を対象として，管理不全土地管理人（第 3 項に規定する管理不全土地管理人をいう。以下同じ。）による管理を命ずる処分（以下「管理不全土地管理命令」という。）をすることができる。
2　管理不全土地管理命令の効力は，当該管理不全土地管理命令の対象とされた土地にある動産（当該管理不全土地管理命令の対象とされた土地の所有者又はその共有持分を有する者が所有するものに限る。）に及ぶ。
3　裁判所は，管理不全土地管理命令をする場合には，当該管理不全土地管理命令において，管理不全土地管理人を選任しなければならない。

（管理不全土地管理人の権限）
第 264 条の 10〈2021 年新設〉
1　管理不全土地管理人は，管理不全土地管理命令の対象とされた土地及び管理不全土地管理命令の効力が及ぶ動産並びにその管理，処分その他の事由により管理不全土地管理人が得た財産（以下「管理不全土地等」という。）の管理及び処分をする権限を有する。

2　管理不全土地管理人が次に掲げる行為の範囲を超える行為をするには，裁判所の許可を得なければならない。ただし，この許可がないことをもって善意でかつ過失がない第三者に対抗することはできない。
(1)保存行為
(2)管理不全土地等の性質を変えない範囲内において，その利用又は改良を目的とする行為
3　管理不全土地管理命令の対象とされた土地の処分についての前項の許可をするには，その所有者の同意がなければならない。

（管理不全土地管理人の義務）
第264条の11〈2021年新設〉
1　管理不全土地管理人は，管理不全土地等の所有者のために，善良な管理者の注意をもって，その権限を行使しなければならない。
2　管理不全土地等が数人の共有に属する場合には，管理不全土地管理人は，その共有持分を有する者全員のために，誠実かつ公平にその権限を行使しなければならない。

（管理不全土地管理人の解任及び辞任）
第264条の12〈2021年新設〉
1　管理不全土地管理人がその任務に違反して管理不全土地等に著しい損害を与えたことその他重要な事由があるときは，裁判所は，利害関係人の請求により，管理不全土地管理人を解任することができる。
2　管理不全土地管理人は，正当な事由があるときは，裁判所の許可を得て，辞任することができる。

（管理不全土地管理人の報酬等）
第264条の13〈2021年新設〉
1　管理不全土地管理人は，管理不全土地等から裁判所が定める額の費用の前払及び報酬を受けることができる。
2　管理不全土地管理人による管理不全土地等の管理に必要な費用及び報酬は，管理不全土地等の所有者の負担とする。

（管理不全建物管理命令）
第264条の14〈2021年新設〉
1　裁判所は，所有者による建物の管理が不適当であることによって他人の権利又は法律上保護される利益が侵害され，又は侵害されるおそれがある場合において，必要があると認めるときは，利害関係人の請求により，当該建物を対象として，管理不全建物管理人（第3項に規定する管理不全建物管理人をいう。第4項において同じ。）による管理を命ずる処分（以下この条において「管理不全建物管理命令」という。）をすることができる。
2　管理不全建物管理命令は，当該管理不全建物管理命令の対象とされた建物にある動産（当該管理不全建物管理命令の対象とされた建物の所有者又はその共有

<table>
<tr><td colspan="2">持分を有する者が所有するものに限る。）及び当該建物を所有するための建物の敷地に関する権利（賃借権その他の使用及び収益を目的とする権利（所有権を除く。）であって，当該管理不全建物管理命令の対象とされた建物の所有者又はその共有持分を有する者が有するものに限る。）に及ぶ。
3　裁判所は，管理不全建物管理命令をする場合には，当該管理不全建物管理命令において，管理不全建物管理人を選任しなければならない。
4　第264条の10から前条までの規定は，管理不全建物管理命令及び管理不全建物管理人について準用する。</td></tr>
<tr><td>（相続財産に関する費用）
第885条〈2018年一部改正〉
相続財産に関する費用は，その財産の中から支弁する。ただし，相続人の過失によるものは，この限りでない。</td><td>（相続財産に関する費用）
第885条
1　［新第1項と同じ］
2　前項の費用は，遺留分権利者が贈与の減殺によって得た財産をもって支弁することを要しない</td></tr>
<tr><td colspan="2">（相続財産の管理）
第897条の2〈2021年新設〉
1　家庭裁判所は，利害関係人又は検察官の請求によって，いつでも，相続財産の保存に必要な処分を命ずることができる。ただし，相続人が一人である場合においてその相続人が相続の単純承認をしたとき，相続人が数人ある場合において遺産の全部が分割されたとき，又は第952条第1項の規定により相続財産の清算人が選任されているときは，この限りでない。
2　第27条から第29条までの規定は，前項の規定により家庭裁判所が相続財産の管理人を選任した場合について準用する。</td></tr>
<tr><td>（共同相続の効力）
第898条〈2021年一部改正〉
1　相続人が数人あるときは，相続財産は，その共有に属する。
2　相続財産について共有に関する規定を適用するときは，第900条から第902条までの規定により算定した相続分をもって各相続人の共有持分とする。</td><td>（共同相続の効力）
第898条
［新第1項と同じ］</td></tr>
<tr><td colspan="2">（共同相続における権利の承継の対抗要件）
第899条の2〈2018年新設〉
1　相続による権利の承継は，遺産の分割によるものかどうかにかかわらず，次条及び第901条の規定により算定した相続分を超える部分については，登記，登録その他の対抗要件を備えなければ，第三者に対抗することができない。</td></tr>
</table>

<table>
<tr><td colspan="2">2　前項の権利が債権である場合において，次条及び第901条の規定により算定した相続分を超えて当該債権を承継した共同相続人が当該債権に係る遺言の内容（遺産の分割により当該債権を承継した場合にあっては，当該債権に係る遺産の分割の内容）を明らかにして債務者にその承継の通知をしたときは，共同相続人の全員が債務者に通知をしたものとみなして，同項の規定を適用する。</td></tr>
<tr><td>（遺言による相続分の指定）
第902条〈2018年一部改正〉
1　被相続人は，前2条の規定にかかわらず，遺言で，共同相続人の相続分を定め，又はこれを定めることを第三者に委託することができる。
2　被相続人が，共同相続人中の一人若しくは数人の相続分のみを定め，又はこれを第三者に定めさせたときは，他の共同相続人の相続分は，前2条の規定により定める。</td><td>（遺言による相続分の指定）
第902条
1　被相続人は，前2条の規定にかかわらず，遺言で，共同相続人の相続分を定め，又はこれを定めることを第三者に委託することができる。ただし，被相続人又は第三者は，遺留分に関する規定に違反することができない。
2　［新第2項と同じ］</td></tr>
<tr><td colspan="2">（相続分の指定がある場合の債権者の権利の行使）
第902条の2〈2018年新設〉
被相続人が相続開始の時において有した債務の債権者は，前条の規定による相続分の指定がされた場合であっても，各共同相続人に対し，第900条及び第901条の規定により算定した相続分に応じてその権利を行使することができる。ただし，その債権者が共同相続人の一人に対してその指定された相続分に応じた債務の承継を承認したときは，この限りでない。</td></tr>
<tr><td>（特別受益者の相続分）
第903条〈2018年一部改正〉
1　共同相続人中に，被相続人から，遺贈を受け，又は婚姻若しくは養子縁組のため若しくは生計の資本として贈与を受けた者があるときは，被相続人が相続開始の時において有した財産の価額にその贈与の価額を加えたものを相続財産とみなし，第900条から第902条までの規定により算定した相続分の中からその遺贈又は贈与の価額を控除した残額をもってその者の相続分とする。
2　遺贈又は贈与の価額が，相続分の価額に等しく，又はこれを超えるときは，受遺者又は受贈者は，その相続分を</td><td>（特別受益者の相続分）
第903条
1　共同相続人中に，被相続人から，遺贈を受け，又は婚姻若しくは養子縁組のため若しくは生計の資本として贈与を受けた者があるときは，被相続人が相続開始</td></tr>
</table>

受けることができない。 3　被相続人が前2項の規定と異なった意思を表示したときは，その意思に従う。 4　婚姻期間が20年以上の夫婦の一方である被相続人が，他の一方に対し，その居住の用に供する建物又はその敷地について遺贈又は贈与をしたときは，当該被相続人は，その遺贈又は贈与について第1項の規定を適用しない旨の意思を表示したものと推定する。	の時において有した財産の価額にその贈与の価額を加えたものを相続財産とみなし，前3条の規定により算定した相続分の中からその遺贈又は贈与の価額を控除した残額をもってその者の相続分とする。 2　［新第2項と同じ］ 3　被相続人が前2項の規定と異なった意思を表示したときは，その意思表示は，遺留分に関する規定に違反しない範囲内で，その効力を有する。

（期間経過後の遺産の分割における相続分）

第904条の3〈2021年新設〉

前3条の規定は，相続開始の時から10年を経過した後にする遺産の分割については，適用しない。ただし，次の各号のいずれかに該当するときは，この限りでない。

(1)相続開始の時から10年を経過する前に，相続人が家庭裁判所に遺産の分割の請求をしたとき。

(2)相続開始の時から始まる10年の期間の満了前6箇月以内の間に，遺産の分割を請求することができないやむを得ない事由が相続人にあった場合において，その事由が消滅した時から6箇月を経過する前に，当該相続人が家庭裁判所に遺産の分割の請求をしたとき。

（遺産の分割前に遺産に属する財産が処分された場合の遺産の範囲）

第906条の2〈2018年新設〉

1　遺産の分割前に遺産に属する財産が処分された場合であっても，共同相続人は，その全員の同意により，当該処分された財産が遺産の分割時に遺産として存在するものとみなすことができる。

2　前項の規定にかかわらず，共同相続人の一人又は数人により同項の財産が処分されたときは，当該共同相続人については，同項の同意を得ることを要しない。

＊　次の第907では，2018年改正（アンダーライン部分）と2021年改正（ラインマーク部分）が混在している

（遺産の分割の協議又は審判） 第907条〈2018年・2021年一部改正〉 1　共同相続人は，次条第1項の規定により被相続人が遺言で禁じた場合又は同条第2項の規定により分割をしない旨の契約をした場合を除き，いつでも，その協議で，遺産の全部又は一部の分割をすることができる。 2　遺産の分割について，共同相続人間に協議が調わないとき，又は協議をすることができないときは，各共同相続人は，その全部又は一部の分割を家庭裁判所に請求することができる。ただし，遺産の一部を分割することにより他の共同相続人の利益を害するおそれがある場合におけるその一部の分割については，この限りでない。 ［第3項削除］	（遺産の分割の協議又は審判等） 第907条 1　共同相続人は，次条の規定により被相続人が遺言で禁じた場合を除き，いつでも，その協議で，遺産の分割をすることができる。 2　遺産の分割について，共同相続人間に協議が調わないとき，又は協議をすることができないときは，各共同相続人は，その分割を家庭裁判所に請求することができる。 3　前項の場合において特別の事由があるときは，家庭裁判所は，期間を定めて，遺産の全部又は一部について，その分割を禁ずることができる。
（遺産の分割の方法の指定及び遺産分割の禁止） 第908条〈2021年一部改正〉 1　被相続人は，遺言で，遺産の分割の方法を定め，若しくはこれを定めることを第三者に委託し，又は相続開始の時から5年を超えない期間を定めて，遺産の分割を禁ずることができる。 2　共同相続人は，5年以内の期間を定めて，遺産の全部又は一部について，その分割をしない旨の契約をすることができる。ただし，その期間の終期は，相続開始の時から10年を超えることができない。	（遺産の分割の方法の指定及び遺産分割の禁止） 第908条 ［新第1項と同じ］

<table>
<tr><td>3　前項の契約は，5年以内の期間を定めて更新することができる。ただし，その期間の終期は，相続開始の時から10年を超えることができない。
4　前条第2項本文の場合において特別の事由があるときは，家庭裁判所は，5年以内の期間を定めて，遺産の全部又は一部について，その分割を禁ずることができる。ただし，その期間の終期は，相続開始の時から10年を超えることができない。
5　家庭裁判所は，5年以内の期間を定めて前項の期間を更新することができる。ただし，その期間の終期は，相続開始の時から10年を超えることができない。</td><td></td></tr>
<tr><td colspan="2">（遺産の分割前における預貯金債権の行使）
第909条の2〈2018年新設〉
各共同相続人は，遺産に属する預貯金債権のうち相続開始の時の債権額の三分の一に第900条及び第901条の規定により算定した当該共同相続人の相続分を乗じた額（標準的な当面の必要生計費，平均的な葬式の費用の額その他の事情を勘案して預貯金債権の債務者ごとに法務省令で定める額を限度とする。）については，単独でその権利を行使することができる。この場合において，当該権利の行使をした預貯金債権については，当該共同相続人が遺産の一部の分割によりこれを取得したものとみなす。</td></tr>
<tr><td>（相続人による管理）
第918条〈2021年一部改正〉
相続人は，その固有財産におけるのと同一の注意をもって，相続財産を管理しなければならない。ただし，相続の承認又は放棄をしたときは，この限りでない。
［旧第2項及び第3項を削除］</td><td>（相続財産の管理）
第918条
1　［新条文と同じ］
2　家庭裁判所は，利害関係人又は検察官の請求によって，いつでも，相続財産の保存に必要な処分を命ずることができる。
3　第27条から第29条までの規定は，前項の規定により家庭裁判所が相続財産の管理人を選任した場合について準用する。</td></tr>
<tr><td>（限定承認者による管理）
第926条〈2021年一部改正〉</td><td>（限定承認者による管理）</td></tr>
</table>

1　限定承認者は，その固有財産におけるのと同一の注意をもって，相続財産の管理を継続しなければならない。 2　第 645 条，第 646 条，並びに第 650 条第 1 項及び第 2 項の規定は，前項の場合について準用する。	第 926 条 1　［新 1 項と同じ］ 2　第 645 条，第 646 条，第 650 条第 1 項及び第 2 項並びに第 918 条第 2 項及び第 3 項の規定は，前項の場合について準用する。
（相続人が数人ある場合の相続財産の清算人） 第 936 条〈2021 年一部改正〉 1　相続人が数人ある場合には，家庭裁判所は，相続人の中から，相続財産の清算人を選任しなければならない。 2　前項の相続財産の清算人は，相続人のために，これに代わって，相続財産の管理及び債務の弁済に必要な一切の行為をする。 3　第 926 条から前条までの規定は，第 1 項の相続財産の清算人について準用する。この場合において，第 927 条第 1 項中「限定承認をした後 5 日以内」とあるのは，「その相続財産の清算人の選任があった後 10 日以内」と読み替えるものとする。	（相続人が数人ある場合の相続財産の管理人） 第 936 条 1　相続人が数人ある場合には，家庭裁判所は，相続人の中から，相続財産の管理人を選任しなければならない。 2　前項の相続財産の管理人は，相続人のために，これに代わって，相続財産の管理及び債務の弁済に必要な一切の行為をする。 3　第 926 条から前条までの規定は，第 1 項の相続財産の管理人について準用する。この場合において，第 927 条第 1 項中「限定承認をした後 5 日以内」とあるのは，「その相続財産の管理人の選任があった後 10 日以内」と読み替えるものとする。

（相続の放棄をした者による管理） **第940条**〈2021年一部改正〉 1　相続の放棄をした者は，その放棄の時に相続財産に属する財産を現に占有しているときは，相続人又は第952条第1項の相続財産の清算人に対して当該財産を引き渡すまでの間，自己の財産におけるのと同一の注意をもって，その財産を保存しなければならない。 2　第645条，646条，並びに第650条第1項及び第2項の規定は，前項の場合について準用する。	（相続の放棄をした者による管理） **第940条** 1　相続の放棄をした者は，その放棄によって相続人となった者が相続財産の管理を始めることができるまで，自己の財産におけるのと同一の注意をもって，その財産の管理を継続しなければならない。 2　第645条，646条，第650条第1項及び第2項並びに第918条第2項及び第3項の規定は，前項の場合について準用する。
（相続財産の清算人の選任） **第952条**〈2021年一部改正〉 1　前条の場合には，家庭裁判所は，利害関係人又は検察官の請求によって，相続財産の清算人を選任しなければならない。 2　前項の規定により相続財産の清算人を選任したときは，家庭裁判所は，遅滞なく，その旨及び相続人があるならば一定の期間内にその権利を主張すべき旨を公告しなければならない。この場合において，その期間は6箇月を下ることができない。	（相続財産の管理人の選任） **第952条** 1　前条の場合には，家庭裁判所は，利害関係人又は検察官の請求によって，相続財産の管理人を選任しなければならない。 2　前項の規定により相続財産の管理人を選任したときは，家庭裁判所は，遅滞なくこれを公告しなければならない。
（不在者の財産の管理人に関する規定の準用） **第953条**〈2021年一部改正〉 第27条から第29条までの規定は，前条第1項の相続財	（不在者の財産の管理人に関する規定の準用）

産の清算人（以下この章において単に「相続財産の清算人」という。）について準用する。	**第 953 条** **第 27 条**から第 29 条までの規定は，前条第 1 項の相続財産の管理人（以下この章において単に「相続財産の管理人」という。）について準用する。
（相続財産の清算人の報告） **第 954 条**〈2021 年一部改正〉 相続財産の清算人は，相続債権者又は受遺者の請求があるときは，その請求をした者に相続財産の状況を報告しなければならない。	（相続財産の管理人の報告） **第 954 条** 相続財産の管理人は，相続債権者又は受遺者の請求があるときは，その請求をした者に相続財産の状況を報告しなければならない。
（相続財産法人の不成立） **第 955 条**〈2021 年一部改正〉 相続人のあることが明らかになったときは，第 951 条の法人は，成立しなかったものとみなす。ただし，相続財産の清算人がその権限内でした行為の効力を妨げない。	（相続財産法人の不成立） **第 955 条** 相続人のあることが明らかになったときは，第 951 条の法人は，成立しなかったものとみなす。ただし，相続財産の管理人がその権限内でした行為の効力を妨げない。
（相続財産の清算人の代理権の消滅） **第 956 条**〈2021 年一部改正〉 **1**　相続財産の清算人の代理権は，相続人が相続の承認をした時に消滅する。 **2**　前項の場合には，相続財産の清算人は，遅滞なく相続人に対して清算に係る計算をしなければならない。	（相続財産の管理人の代理権の消滅） **第 956 条** **1**　相続財産の管理人の代理権は，相続人が相続の承認をした時に消滅する。 **2**　前項の場合に

	は，相続財産の管理人は，遅滞なく相続人に対して管理の計算をしなければならない。
（相続債権者及び受遺者に対する弁済） **第957条**〈2021年一部改正〉 1　第952条第2項の公告があったときは，相続財産の清算人は，全ての相続債権者及び受遺者に対し，2箇月以上の期間を定めて，その期間内にその請求の申出をすべき旨を公告しなければならない。この場合において，その期間は，同項の規定により相続人が権利を主張すべき期間として家庭裁判所が公告した期間内に満了するものでなければならない。 2　第927条第2項から第4項まで及び第928条から第935条まで（第932条ただし書を除く。）の規定は，前項の場合について準用する。	（相続債権者及び受遺者に対する弁済） **第957条** 1　第952条第2項の公告があった後2箇月以内に相続人のあることが明らかにならなかったときは，相続財産の管理人は，遅滞なく，すべての相続債権者及び受遺者に対し，一定の期間内にその請求の申出をすべき旨を公告しなければならない。この場合において，その期間は，2箇月を下ることができない。 2　［新第2項と同じ］
［旧第958条は2021年改正で削除］	（相続人の捜索の公告） **第958条** 前条第1項の期間の満了後，なお相続人のあることが明らかでないときは，家庭裁判所は，相続財産の管理人又は検察官の請求によって，相続人があるならば一定の期間内にその権利を主張すべき旨を公告しなければならない。この場合に

	おいて,その期間は,6箇月を下ることができない。
（権利を主張する者がない場合） 第958条〈2021年一部改正〉 　第952条第2項の期間内に相続人としての権利を主張する者がないときは，相続人並びに相続財産の清算人に知れなかった相続債権者及び受遺者は，その権利を行使することができない。	（権利を主張する者がない場合） 第958条の2 　前条の期間内に相続人としての権利を主張する者がないときは，相続人並びに相続財産の管理人に知れなかった相続債権者及び受遺者は，その権利を行使することができない。
（特別縁故者に対する相続財産の分与） 第958条の2〈2021年一部改正〉 1　前条の場合において，相当と認めるときは，家庭裁判所は，被相続人と生計を同じくしていた者，被相続人の療養看護に努めた者その他被相続人と特別の縁故があった者の請求によって，これらの者に，清算後残存すべき相続財産の全部又は一部を与えることができる。 2　前項の請求は，第952条第2項の期間の満了後3箇月以内にしなければならない。	（特別縁故者に対する相続財産の分与） 第958条の3 1　［新第1項と同じ］ 2　前項の請求は，第958条の期間の満了後3箇月以内にしなければならない。
（包括遺贈及び特定遺贈） 第964条〈2018年一部改正〉 　遺言者は，包括又は特定の名義で，その財産の全部又は一部を処分することができる。	（包括遺贈及び特定遺贈） 第964条 遺言者は，包括又は特定の名義で，その財産の全部又は一部を処分することができる。ただし，遺留分に関する規定に違反することができない。
（自筆証書遺言） 第968条〈2018年一部改正〉 1　自筆証書によって遺言をするには,遺言者が,その全文,日付及び氏名を自書し，これに印を押さなければならない。	（自筆証書遺言） 第968条 1　［新第1項と同じ］ 2　自筆証書中の加

2　前項の規定にかかわらず，自筆証書にこれと一体のものとして相続財産（第997条第1項に規定する場合における同項に規定する権利を含む。）の全部又は一部の目録を添付する場合には，その目録については，自書することを要しない。この場合において，遺言者は，その目録の毎葉（自書によらない記載がその両面にある場合にあっては，その両面）に署名し，印を押さなければならない。 3　自筆証書（前項の目録を含む。）中の加除その他の変更は，遺言者が，その場所を指示し，これを変更した旨を付記して特にこれに署名し，かつ，その変更の場所に印を押さなければ，その効力を生じない。	除その他の変更は，遺言者が，その場所を指示し，これを変更した旨を付記して特にこれに署名し，かつ，その変更の場所に印を押さなければ，その効力を生じない。
（秘密証書遺言） **第970条**〈2018年一部改正〉 1　秘密証書によって遺言をするには，次に掲げる方式に従わなければならない。 (1)遺言者が，その証書に署名し，印を押すこと。 (2)遺言者が，その証書を封じ，証書に用いた印章をもってこれに封印すること。 (3)遺言者が，公証人一人及び証人二人以上の前に封書を提出して，自己の遺言書である旨並びにその筆者の氏名及び住所を申述すること。 (4)公証人が，その証書を提出した日付及び遺言者の申述を封紙に記載した後，遺言者及び証人とともにこれに署名し，印を押すこと。 2　第968条第3項の規定は，秘密証書による遺言について準用する。	（秘密証書遺言） **第970条** 1　［新第1項と同じ］ 2　第968条第2項の規定は，秘密証書による遺言について準用する。
（普通の方式による遺言の規定の準用） **第982条**〈2018年一部改正〉 第968条第3項及び第973条から第975条までの規定は，第976条から前条までの規定による遺言について準用する。	（普通の方式による遺言の規定の準用） **第982条** 第968条第2項及び第973条から第975条までの規定は，第976条から前条までの規定による遺言について準用する。
（遺贈義務者の引渡義務） **第998条**〈2018年全面改定〉 遺贈義務者は，遺贈の目的である物又は権利を，相続開始の時（その後に当該物又は権利について遺贈の目的とし	（不特定物の遺贈義務者の担保責任） **第998条** 1　不特定物を遺贈

て特定した場合にあっては，その特定した時）の状態で引き渡し，又は移転する義務を負う。ただし，遺言者がその遺言に別段の意思を表示したときは，その意思に従う。	の目的とした場合において，受遺者がこれにつき第三者から追奪を受けたときは，遺贈義務者は，これに対して，売主と同じく，担保の責任を負う。 2　不特定物を遺贈の目的とした場合において，物に瑕疵があったときは，遺贈義務者は，瑕疵のない物をもってこれに代えなければならない。
第1000条［2018年改正で削除］	（第三者の権利の目的である財産の遺贈） **第1000条**　［省略］
（遺言執行者の任務の開始） **第1007条**〈2018年一部改正〉 1　遺言執行者が就職を承諾したときは，直ちにその任務を行わなければならない。 2　遺言執行者は，その任務を開始したときは，遅滞なく，遺言の内容を相続人に通知しなければならない。	（遺言執行者の任務の開始） **第1007条** ［新第1項と同じ］
（遺言執行者の権利義務） **第1012条**〈2018年一部改正〉 1　遺言執行者は，遺言の内容を実現するため，相続財産の管理その他遺言の執行に必要な一切の行為をする権利義務を有する。 2　遺言執行者がある場合には，遺贈の履行は，遺言執行者のみが行うことができる。 3　第644条，第645条から第647条まで及び第650条の規定は，遺言執行者について準用する。	（遺言執行者の権利義務） **第1012条** 1　遺言執行者は，相続財産の管理その他遺言の執行に必要な一切の行為をする権利義務を有する。 2　［新第3項と同じ］
（遺言の執行の妨害行為の禁止） **第1013条**〈2018年一部改正〉 1　遺言執行者がある場合には，相続人は，相続財産の処分その他遺言の執行を妨げるべき行為をすることができない。	（遺言の執行の妨害行為の禁止） **第1013条** ［新第1項と同じ］

2　前項の規定に違反してした行為は，無効とする。ただし，これをもって善意の第三者に対抗することができない。 3　前2項の規定は，相続人の債権者（相続債権者を含む。）が相続財産についてその権利を行使することを妨げない。	
（特定財産に関する遺言の執行） **第1014条**〈2018年一部改正〉 1　前3条の規定は，遺言が相続財産のうち特定の財産に関する場合には，その財産についてのみ適用する。 2　遺産の分割の方法の指定として遺産に属する特定の財産を共同相続人の一人又は数人に承継させる旨の遺言（以下「特定財産承継遺言」という。）があったときは，遺言執行者は，当該共同相続人が第899条の2第1項に規定する対抗要件を備えるために必要な行為をすることができる。 3　前項の財産が預貯金債権である場合には，遺言執行者は，同項に規定する行為のほか，その預金又は貯金の払戻しの請求及びその預金又は貯金に係る契約の解約の申入れをすることができる。ただし，解約の申入れについては，その預貯金債権の全部が特定財産承継遺言の目的である場合に限る。 4　前2項の規定にかかわらず，被相続人が遺言で別段の意思を表示したときは，その意思に従う。	（特定財産に関する遺言の執行） **第1014条** ［新第1項と同じ］
（遺言執行者の行為の効果） **第1015条**〈2018年全面改定〉 遺言執行者がその権限内において遺言執行者であることを示してした行為は，相続人に対して直接にその効力を生ずる。	（遺言執行者の地位） **第1015条** 遺言執行者は，相続人の代理人とみなす。
（遺言執行者の復任権） **第1016条**〈2018年一部改正〉 1　遺言執行者は，自己の責任で第三者にその任務を行わせることができる。ただし，遺言者がその遺言に別段の意思を表示したときは，その意思に従う。 2　前項本文の場合において，第三者に任務を行わせることについてやむを得ない事由があるときは，遺言執行者は，相続人に対してその選任及び監督についての責任のみを負う。	（遺言執行者の復任権） **第1016条** 1　遺言執行者は，やむを得ない事由がなければ，第三者にその任務を行わせることができない。ただし，遺言者がその遺言に反対の意思を表示したときは，この限りでない。 2　遺言執行者が前

	項ただし書きの規定により第三者にその任務を行わせる場合には，相続人に対して，第105条に規定する責任を負う。
（撤回された遺言の効力） **第1025条**〈2018年一部改正〉 前3条の規定により撤回された遺言は，その撤回の行為が，撤回され，取り消され，又は効力を生じなくなるに至ったときであっても，その効力を回復しない。ただし，その行為が錯誤，詐欺又は強迫による場合は，この限りでない。	（撤回された遺言の効力） **第1025条** 前3条の規定により撤回された遺言は，その撤回の行為が，撤回され，取り消され，又は効力を生じなくなるに至ったときであっても，その効力を回復しない。ただし，その行為が錯誤，詐欺又は強迫による場合は，この限りでない。
（配偶者居住権） **第1028条**〈2018年新設〉 1　被相続人の配偶者（以下この章において単に「配偶者」という。）は，被相続人の財産に属した建物に相続開始の時に居住していた場合において，次の各号のいずれかに該当するときは，その居住していた建物（以下この節において「居住建物」という。）の全部について無償で使用及び収益をする権利（以下この章において「配偶者居住権」という。）を取得する。ただし，被相続人が相続開始の時に居住建物を配偶者以外の者と共有していた場合にあっては，この限りでない。 ⑴遺産の分割によって配偶者居住権を取得するものとされたとき。 ⑵配偶者居住権が遺贈の目的とされたとき。 2　居住建物が配偶者の財産に属することとなった場合であっても，他の者がその共有持分を有するときは，配偶者居住権は，消滅しない。 3　第903条第4項の規定は，配偶者居住権の遺贈について準用する。	
（審判による配偶者居住権の取得） **第1029条**〈2018年新設〉 遺産の分割の請求を受けた家庭裁判所は，次に掲げる場合に限り，配偶者が配偶者居住権を取得する旨を定めることができる。 ⑴共同相続人間に配偶者が配偶者居住権を取得することについて合意が成立して	

いるとき。
⑵配偶者が家庭裁判所に対して配偶者居住権の取得を希望する旨を申し出た場合において，居住建物の所有者の受ける不利益の程度を考慮してもなお配偶者の生活を維持するために特に必要があると認めるとき（前号に掲げる場合を除く。）。

（配偶者居住権の存続期間）
第1030条〈2018年新設〉
配偶者居住権の存続期間は，配偶者の終身の間とする。ただし，遺産の分割の協議若しくは遺言に別段の定めがあるとき，又は家庭裁判所が遺産の分割の審判において別段の定めをしたときは，その定めるところによる。

（配偶者居住権の登記等）
第1031条〈2018年新設〉
1　居住建物の所有者は，配偶者（配偶者居住権を取得した配偶者に限る。以下この節において同じ。）に対し，配偶者居住権の設定の登記を備えさせる義務を負う。
2　第605条の規定は配偶者居住権について，第605条の4の規定は配偶者居住権の設定の登記を備えた場合について準用する。

（配偶者による使用及び収益）
第1032条〈2018年新設〉
1　配偶者は，従前の用法に従い，善良な管理者の注意をもって，居住建物の使用及び収益をしなければならない。ただし，従前居住の用に供していなかった部分について，これを居住の用に供することを妨げない。
2　配偶者居住権は，譲渡することができない。
3　配偶者は，居住建物の所有者の承諾を得なければ，居住建物の改築若しくは増築をし，又は第三者に居住建物の使用若しくは収益をさせることができない。
4　配偶者が第1項又は前項の規定に違反した場合において，居住建物の所有者が相当の期間を定めてその是正の催告をし，その期間内に是正がされないときは，居住建物の所有者は，当該配偶者に対する意思表示によって配偶者居住権を消滅させることができる。

（居住建物の修繕等）
第1033条〈2018年新設〉
1　配偶者は，居住建物の使用及び収益に必要な修繕をすることができる。
2　居住建物の修繕が必要である場合において，配偶者が相当の期間内に必要な修繕をしないときは，居住建物の所有者は，その修繕をすることができる。
3　居住建物が修繕を要するとき（第1項の規定により配偶者が自らその修繕をするときを除く。），又は居住建物について権利を主張する者があるときは，配偶者は，居住建物の所有者に対し，遅滞なくその旨を通知しなければならない。ただし，居住建物の所有者が既にこれを知っているときは，この限りでない。

（居住建物の費用の負担）
第1034条〈2018年新設〉

1　配偶者は，居住建物の通常の必要費を負担する。
2　第583条第2項の規定は，前項の通常の必要費以外の費用について準用する。

（居住建物の返還等）
第1035条〈2018年新設〉
1　配偶者は，配偶者居住権が消滅したときは，居住建物の返還をしなければならない。ただし，配偶者が居住建物について共有持分を有する場合は，居住建物の所有者は，配偶者居住権が消滅したことを理由としては，居住建物の返還を求めることができない。
2　第599条第1項及び第2項並びに第621条の規定は，前項本文の規定により配偶者が相続の開始後に附属させた物がある居住建物又は相続の開始後に生じた損傷がある居住建物の返還をする場合について準用する。

（使用貸借及び賃貸借の規定の準用）
第1036条〈2018年新設〉
第597条第1項及び第3項，第600条，第613条並びに第616条の2の規定は，配偶者居住権について準用する。

（配偶者短期居住権）
第1037条〈2018年新設〉
1　配偶者は，被相続人の財産に属した建物に相続開始の時に無償で居住していた場合には，次の各号に掲げる区分に応じてそれぞれ当該各号に定める日までの間，その居住していた建物（以下この節において「居住建物」という。）の所有権を相続又は遺贈により取得した者（以下この節において「居住建物取得者」という。）に対し，居住建物について無償で使用する権利（居住建物の一部のみを無償で使用していた場合にあっては，その部分について無償で使用する権利。以下この節において「配偶者短期居住権」という。）を有する。ただし，配偶者が，相続開始の時において居住建物に係る配偶者居住権を取得したとき，又は第891条の規定に該当し若しくは廃除によってその相続権を失ったときは，この限りでない。
⑴居住建物について配偶者を含む共同相続人間で遺産の分割をすべき場合　遺産の分割により居住建物の帰属が確定した日又は相続開始の時から6箇月を経過する日のいずれか遅い日
⑵前号に掲げる場合以外の場合　第3項の申入れの日から6箇月を経過する日
2　前項本文の場合においては，居住建物取得者は，第三者に対する居住建物の譲渡その他の方法により配偶者の居住建物の使用を妨げてはならない。
3　居住建物取得者は，第1項第1号に掲げる場合を除くほか，いつでも配偶者短期居住権の消滅の申入れをすることができる。

（配偶者による使用）
第1038条〈2018年新設〉
1　配偶者（配偶者短期居住権を有する配偶者に限る。以下この節において同じ。）は，従前の用法に従い，善良な管理者の注意をもって，居住建物の使用をしなければならない。

2　配偶者は，居住建物取得者の承諾を得なければ，第三者に居住建物の使用をさせることができない。
3　配偶者が前２項の規定に違反したときは，居住建物取得者は，当該配偶者に対する意思表示によって配偶者短期居住権を消滅させることができる。

（配偶者居住権の取得による配偶者短期居住権の消滅）
第 1039 条〈2018 年新設〉
配偶者が居住建物に係る配偶者居住権を取得したときは，配偶者短期居住権は，消滅する。

（居住建物の返還等）
第 1040 条〈2018 年新設〉
1　配偶者は，前条に規定する場合を除き，配偶者短期居住権が消滅したときは，居住建物の返還をしなければならない。ただし，配偶者が居住建物について共有持分を有する場合は，居住建物取得者は，配偶者短期居住権が消滅したことを理由としては，居住建物の返還を求めることができない。
2　第 599 条第１項及び第２項並びに第 621 条の規定は，前項本文の規定により配偶者が相続の開始後に附属させた物がある居住建物又は相続の開始後に生じた損傷がある居住建物の返還をする場合について準用する。

（使用貸借等の規定の準用）
第 1041 条〈2018 年新設〉
第 597 条第３項，第 600 条，第 616 条の２，第 1032 条第２項，第 1033 条及び第 1034 条の規定は，配偶者短期居住権について準用する。

（遺留分の帰属及びその割合） **第 1042 条**〈2018 年一部改正〉 1　兄弟姉妹以外の相続人は，遺留分として，次条第１項に規定する遺留分を算定するための財産の価額に，次の各号に掲げる区分に応じてそれぞれ当該各号に定める割合を乗じた額を受ける。 ⑴直系尊属のみが相続人である場合　三分の一 ⑵前号に掲げる場合以外の場合　二分の一 2　相続人が数人ある場合には，前項各号に定める割合は，これらに第 900 条及び第 901 条の規定により算定したその各自の相続分を乗じた割合とする。	（遺留分の帰属及びその割合） **第 1028 条** 兄弟姉妹以外の相続人は，遺留分として，次条第１項に規定する遺留分を算定するための財産の価額に，次の各号に掲げる区分に応じてそれぞれ当該各号に定める割合に相当する額を受ける。 ⑴直系尊属のみが相続人である場合　被相続人の財産の三分の一 ⑵前号に掲げる場合

新	旧
	以外の場合　被相続人の財産の二分の一
（遺留分を算定するための財産の価額） 第1043条〈2018年一部改正〉 1　遺留分を算定するための財産の価額は，被相続人が相続開始の時において有した財産の価額にその贈与した財産の価額を加えた額から債務の全額を控除した額とする。 2　条件付きの権利又は存続期間の不確定な権利は，家庭裁判所が選任した鑑定人の評価に従って，その価格を定める。	（遺留分の算定） 第1029条 1　遺留分は，被相続人が相続開始の時において有した財産の価額にその贈与した財産の価額を加えた額から債務の全額を控除して，これを算定する。 2　［新第2項と同じ］
第1044条〈2018年一部改正〉 1　贈与は，相続開始前の1年間にしたものに限り，前条の規定によりその価額を算入する。当事者双方が遺留分権利者に損害を加えることを知って贈与をしたときは，1年前の日より前にしたものについても，同様とする。 2　第904条の規定は，前項に規定する贈与の価額について準用する。 3　相続人に対する贈与についての第1項の規定の適用については，同項中「1年」とあるのは「10年」と，「価額」とあるのは「価額（婚姻若しくは養子縁組のため又は生計の資本として受けた贈与の価額に限る。）」とする。 ［旧第1031条から1038条まで削除］	第1030条 贈与は，相続開始前の1年間にしたものに限り，前条の規定によりその価額を算入する。当事者双方が遺留分権利者に損害を加えることを知って贈与をしたときは，1年前の日より前にしたものについても，同様とする。
第1045条〈2018年一部改正〉 1　負担付贈与がされた場合における第1043条第1項に規定する贈与した財産の価額は，その目的の価額から負担の価額を控除した額とする。 2　不相当な対価をもってした有償行為は，当事者双方が遺留分権利者に損害を加えることを知ってしたものに限り，当該対価を負担の価額とする負担付贈与とみなす。	第1039条 不相当な対価をもってした有償行為は，当事者双方が遺留分権利者に損害を加えることを知ってしたものに限り，これを贈与とみなす。この場合において，遺留分権利者がその減殺を請求するときは，その対価を償還しなければならない。

（遺留分侵害額の請求）
第1046条〈2018年新設〉
1　遺留分権利者及びその承継人は，受遺者（特定財産承継遺言により財産を承継し又は相続分の指定を受けた相続人を含む。以下この章において同じ。）又は受贈者に対し，遺留分侵害額に相当する金銭の支払を請求することができる。
2　遺留分侵害額は，第1042条の規定による遺留分から第1号及び第2号に掲げる額を控除し，これに第3号に掲げる額を加算して算定する。
(1)遺留分権利者が受けた遺贈又は第903条第1項に規定する贈与の価額
(2)第900条から第902条まで，第903条及び第904条の規定により算定した相続分に応じて遺留分権利者が取得すべき遺産の価額
(3)被相続人が相続開始の時において有した債務のうち，第899条の規定により遺留分権利者が承継する債務（次条第3項において「遺留分権利者承継債務」という。）の額

（受遺者又は受贈者の負担額）
第1047条〈2018年新設〉
1　受遺者又は受贈者は，次の各号の定めるところに従い，遺贈（特定財産承継遺言による財産の承継又は相続分の指定による遺産の取得を含む。以下この章において同じ。）又は贈与（遺留分を算定するための財産の価額に算入されるものに限る。以下この章において同じ。）の目的の価額（受遺者又は受贈者が相続人である場合にあっては，当該価額から第1042条の規定による遺留分として当該相続人が受けるべき額を控除した額）を限度として，遺留分侵害額を負担する。
(1)受遺者と受贈者とがあるときは，受遺者が先に負担する。
(2)受遺者が複数あるとき，又は受贈者が複数ある場合においてその贈与が同時にされたものであるときは，受遺者又は受贈者がその目的の価額の割合に応じて負担する。ただし，遺言者がその遺言に別段の意思を表示したときは，その意思に従う。
(3)受贈者が複数あるとき（前号に規定する場合を除く。）は，後の贈与に係る受贈者から順次前の贈与に係る受贈者が負担する。
2　第904条，第1043条第2項及び第1045条の規定は，前項に規定する遺贈又は贈与の目的の価額について準用する。
3　前条第1項の請求を受けた受遺者又は受贈者は，遺留分権利者承継債務について弁済その他の債務を消滅させる行為をしたときは，消滅した債務の額の限度において，遺留分権利者に対する意思表示によって第1項の規定により負担する債務を消滅させることができる。この場合において，当該行為によって遺留分権利者に対して取得した求償権は，消滅した当該債務の額の限度において消滅する。
4　受遺者又は受贈者の無資力によって生じた損失は，遺留分権利者の負担に帰する。
5　裁判所は，受遺者又は受贈者の請求により，第1項の規定により負担する債務の全部又は一部の支払につき相当の期限を許与することができる。
［旧1040条，1041条は削除］

（遺留分侵害額請求権の期間の制限） **第1048条**〈2018年一部改正〉 遺留分侵害額の請求権は，遺留分権利者が，相続の開始及び遺留分を侵害する贈与又は遺贈があったことを知った時から1年間行使しないときは，時効によって消滅する。相続開始の時から10年を経過したときも，同様とする。	（減殺請求権の期間の制限） **第1042条** 減殺の請求権は，遺留分権利者が，相続の開始及び減殺すべき贈与又は遺贈があったことを知った時から1年間行使しないときは，時効によって消滅する。相続開始の時から10年を経過したときも，同様とする。
（遺留分の放棄） **第1049条**〈2018年一部改正〉 **1**　相続の開始前における遺留分の放棄は，家庭裁判所の許可を受けたときに限り，その効力を生ずる。 **2**　共同相続人の一人のした遺留分の放棄は，他の各共同相続人の遺留分に影響を及ぼさない。	（遺留分の放棄） 改正前の**第1043条**
第1050条〈2018年新設〉 **1**　被相続人に対して無償で療養看護その他の労務の提供をしたことにより被相続人の財産の維持又は増加について特別の寄与をした被相続人の親族（相続人，相続の放棄をした者及び第891条の規定に該当し又は廃除によってその相続権を失った者を除く。以下この条において「特別寄与者」という。）は，相続の開始後，相続人に対し，特別寄与者の寄与に応じた額の金銭（以下この条において「特別寄与料」という。）の支払を請求することができる。 **2**　前項の規定による特別寄与料の支払について，当事者間に協議が調わないとき，又は協議をすることができないときは，特別寄与者は，家庭裁判所に対して協議に代わる処分を請求することができる。ただし，特別寄与者が相続の開始及び相続人を知った時から6箇月を経過したとき，又は相続開始の時から1年を経過したときは，この限りでない。 **3**　前項本文の場合には，家庭裁判所は，寄与の時期，方法及び程度，相続財産の額その他一切の事情を考慮して，特別寄与料の額を定める。 **4**　特別寄与料の額は，被相続人が相続開始の時において有した財産の価額から遺贈の価額を控除した残額を超えることができない。 **5**　相続人が数人ある場合には，各相続人は，特別寄与料の額に第900条から第902条までの規定により算定した当該相続人の相続分を乗じた額を負担する。	

2　附則（2021年改正民法　主なもの）

第1条　（施行期日）

この法律は，公布の日から起算して2年を超えない範囲内において政令で定める日から施行する。ただし，次の各号に掲げる規定は，当該各号に定める日から施行する。

⑴第2条中不動産登記法第131条第5項の改正規定及び附則第34条の規定　公布の日

⑵第2条中不動産登記法の目次の改正規定，同法第16条第2項の改正規定，同法第4章第3節第2款中第74条の前に1条を加える改正規定，同法第76条の次に5条を加える改正規定（第76条の2及び第76条の3に係る部分に限る。），同法第119条の改正規定及び同法第164条の改正規定（同条に1項を加える部分を除く。）並びに附則第5条第4項から第6項まで，第6条，第22条及び第23条の規定　公布の日から起算して3年を超えない範囲内において政令で定める日

⑶第2条中不動産登記法第25条第7号の改正規定，同法第76条の次に5条を加える改正規定（第76条の4から第76条の6までに係る部分に限る。），同法第119条の次に1条を加える改正規定，同法第120条第3項の改正規定及び同法第164条の改正規定（同条に1項を加える部分に限る。）並びに附則第5条第7項の規定　公布の日から起算して5年を超えない範囲内において政令で定める日

第2条　（相続財産の保存に必要な処分に関する経過措置）

1　この法律の施行の日（以下「施行日」という。）前に第1条の規定による改正前の民法（以下「旧民法」という。）第918条第2項（旧民法第926条第2項（旧民法第936条第3項において準用する場合を含む。）及び第940条第2項において準用する場合を含む。次項において同じ。）の規定によりされた相続財産の保存に必要な処分は，施行日以後は，第1条の規定による改正後の民法（以下「新民法」という。）第897条の2の規定によりされた相続財産の保存に必要な処分とみなす。

2　施行日前に旧民法第918条第2項の規定によりされた相続財産の保存に必要な処分の請求（施行日前に当該請求に係る審判が確定したものを除く。）は，施行日以後は，新民法第897条の2の規定によりされた相続財産の保存に必要な処分の請求とみなす。

第3条（遺産の分割に関する経過措置）

新民法第904条の3及び第908条第2項から第5項までの規定は，施行日前に相続が開始した遺産の分割についても，適用する。この場合において，新民法第904条の3第1号中「相続開始の時から10年を経過する前」とあるのは「相続開始の時から10年を経過する時又は民法等の一部を改正する法律（令和3年法律第24号）の施行の時から5年を経過する時のいずれか遅い時まで」と，同条第2号中「10年の期間」とあるのは「10年の期間（相続開始の時から始まる10年の期間の満了後に民法等の一部を改正する法律の施行の時から始まる5年の期間が満了する場合にあっては，同法の施行の時から始まる5年の期間）」と，新民法第908条第2項ただし書，第3項ただし書，第4項ただし書及び第5項ただし書中「相

続開始の時から10年」とあるのは「相続開始の時から10年を経過する時又は民法等の一部を改正する法律の施行の時から5年を経過する時のいずれか遅い時」とする。

第4条　（相続財産の清算に関する経過措置）

1　施行日前に旧民法第936条第1項の規定により選任された相続財産の管理人は，施行日以後は，新民法第936条第1項の規定により選任された相続財産の清算人とみなす。

2　施行日前に旧民法第952条第1項の規定により選任された相続財産の管理人は，新民法第940条第1項及び第953条から第956条までの規定の適用については，新民法第952条第1項の規定により選任された相続財産の清算人とみなす。

3　施行日前に旧民法第952条第1項の規定によりされた相続財産の管理人の選任の請求（施行日前に当該請求に係る審判が確定したものを除く。）は，施行日以後は，新民法第952条第1項の規定によりされた相続財産の清算人の選任の請求とみなす。

4　施行日前に旧民法第952条第1項の規定により相続財産の管理人が選任された場合における当該相続財産の管理人の選任の公告，相続債権者及び受遺者に対する請求の申出をすべき旨の公告及び催告，相続債権者及び受遺者に対する弁済並びにその弁済のための相続財産の換価，相続債権者及び受遺者の換価手続への参加，不当な弁済をした相続財産の管理人の責任，相続人の捜索の公告，公告期間内に申出をしなかった相続債権者及び受遺者の権利並びに相続人としての権利を主張する者がない場合における相続人，相続債権者及び受遺者の権利については，なお従前の例による。

5　施行日前に旧民法第952条第1項の規定により相続財産の管理人が選任された場合における特別縁故者に対する相続財産の分与については，新民法第958条の2第2項の規定にかかわらず，なお従前の例による。

第5条　（不動産登記法の一部改正に伴う経過措置）

1　第2条の規定（附則第1条各号に掲げる改正規定を除く。）による改正後の不動産登記法（以下「新不動産登記法」という。）第63条第3項，第69条の2及び第70条の2の規定は，施行日以後にされる登記の申請について適用する。

2　新不動産登記法第70条第2項の規定は，施行日以後に申し立てられる公示催告の申立てに係る事件について適用する。

3　新不動産登記法第121条第2項から第5項までの規定は，施行日以後にされる登記簿の附属書類の閲覧請求について適用し，施行日前にされた登記簿の附属書類の閲覧請求については，なお従前の例による。

4　第2条の規定（附則第1条第2号に掲げる改正規定に限る。）による改正後の不動産登記法（以下「第2号新不動産登記法」という。）第73条の2の規定は，同号に掲げる規定の施行の日（以下「第2号施行日」という。）以後に登記の申請がされる所有権の登記の登記事項について適用する。

5　登記官は，第2号施行日において現に法人が所有権の登記名義人として記録されている不動産について，法務省令で定めるところにより，職権で，第2号新不動産登記法第73条の2第1項第1号に規定する登記事項に関する変更の登記をすることができる。
6 第2号新不動産登記法第76条の2の規定は，第2号施行日前に所有権の登記名義人について相続の開始があった場合についても，適用する。この場合において，同条第1項中「所有権の登記名義人」とあるのは「民法等の一部を改正する法律（令和3年法律第24号）附則第1条第2号に掲げる規定の施行の日（以下この条において「第2号施行日」という。）前に所有権の登記名義人」と，「知った日」とあるのは「知った日又は第2号施行日のいずれか遅い日」と，同条第2項中「分割の日」とあるのは「分割の日又は第2号施行日のいずれか遅い日」とする。
7 第2条の規定（附則第1条第3号に掲げる改正規定に限る。）による改正後の不動産登記法（以下この項において「第3号新不動産登記法」という。）第76条の5の規定は，同号に掲げる規定の施行の日（以下「第3号施行日」という。）前に所有権の登記名義人の氏名若しくは名称又は住所について変更があった場合についても，適用する。この場合において，第3号新不動産登記法第76条の5中「所有権の登記名義人の」とあるのは「民法等の一部を改正する法律（令和3年法律第24号）附則第1条第3号に掲げる規定の施行の日（以下この条において「第3号施行日」という。）前に所有権の登記名義人となった者の」と，「あった日」とあるのは「あった日又は第3号施行日のいずれか遅い日」とする。

第6条（第3号施行日の前日までの間の読替え）
第2号施行日から第3号施行日の前日までの間における第2号新不動産登記法第16条第2項の規定の適用については，同項中「第76条の4まで，第76条の6」とあるのは，「第76条の3まで」とする。

第7条（家事事件手続法の一部改正に伴う経過措置）
1 第4条の規定による改正後の家事事件手続法（以下この条において「新家事事件手続法」という。）第199条第2項及び第273条第2項の規定は，施行日前に相続が開始した遺産の分割についても，適用する。この場合において，新家事事件手続法第199条第2項中「10年を経過した後」とあるのは「10年を経過した後（相続開始の時から始まる10年の期間の満了後に民法等の一部を改正する法律（令和3年法律第24号）の施行の時から始まる5年の期間が満了する場合にあっては，同法の施行の時から5年を経過した後）」と，新家事事件手続法第273条第2項中「10年を経過した後」とあるのは「10年を経過した後（相続開始の時から始まる10年の期間の満了後に民法等の一部を改正する法律の施行の時から始まる5年の期間が満了する場合にあっては，同法の施行の時から5年を経過した後）」とする。
2 施行日前に旧民法第952条第1項の規定により相続財産の管理人が選任された場合における特別縁故者に対する相続財産の分与の審判については，新家事事件手続法第204条第1項の規定にかかわらず，なお従前の例による。
3 施行日前に旧民法第952条第1項の規定により選任された相続財産の管理人は，新家事事件手続法第205条から第208条までの規定の適用については，新民法第952条第1項の規定により選任された相続財産の清算人とみなす。

第 8 条（外国法人の登記及び夫婦財産契約の登記に関する法律の一部改正）

外国法人の登記及び夫婦財産契約の登記に関する法律（明治 31 年法律第 14 号）の一部を次のように改正する。

第 8 条中「，第 121 条第 2 項及び第 3 項，第 152 条」を「（第 6 項を除く。），第 121 条第 3 項から第 5 項まで，第 153 条」に改める。

第 9 条（外国法人の登記及び夫婦財産契約の登記に関する法律の一部改正に伴う経過措置）

1 前条の規定による改正後の外国法人の登記及び夫婦財産契約の登記に関する法律第 8 条において準用する新不動産登記法第 121 条第 3 項から第 5 項までの規定は，施行日以後にされる登記簿の附属書類の閲覧請求について適用し，施行日前にされた登記簿の附属書類の閲覧請求については，なお従前の例による。

2 施行日から第 2 号施行日の前日までの間における前条の規定による改正後の外国法人の登記及び夫婦財産契約の登記に関する法律第 8 条の規定の適用については，同条中「第 119 条（第 6 項を除く。）」とあるのは，「第 119 条」とする。

3　附則（2018年改正民法　主なもの）

第1条（施行期日）

この法律は，公布の日から起算して1年を超えない範囲内において政令で定める日から施行する。ただし，次の各号に掲げる規定は，当該各号に定める日から施行する。

⑴附則第30条及び第31条の規定　公布の日

⑵第1条中民法第968条，第970条第2項及び第982条の改正規定並びに附則第6条の規定　公布の日から起算して6月を経過した日

⑶第1条中民法第998条，第1000条及び第1025条ただし書の改正規定並びに附則第7条及び第9条の規定　民法の一部を改正する法律（平成29年法律第44号）の施行の日

⑷第2条並びに附則第10条，第13条，第14条，第17条，第18条及び第23条から第26条までの規定　公布の日から起算して2年を超えない範囲内において政令で定める日

⑸第3条中家事事件手続法第3条の11及び第3条の14の改正規定並びに附則第11条第1項の規定　人事訴訟法等の一部を改正する法律（平成30年法律第20号）の施行の日又はこの法律の施行の日のいずれか遅い日

第2条（民法の一部改正に伴う経過措置の原則）

この法律の施行の日（以下「施行日」という。）前に開始した相続については，この附則に特別の定めがある場合を除き，なお従前の例による。

第3条（共同相続における権利の承継の対抗要件に関する経過措置）

第1条の規定による改正後の民法（以下「新民法」という。）第899条の2の規定は，施行日前に開始した相続に関し遺産の分割による債権の承継がされた場合において，施行日以後にその承継の通知がされるときにも，適用する。

第4条（夫婦間における居住用不動産の遺贈又は贈与に関する経過措置）

新民法第903条第4項の規定は，施行日前にされた遺贈又は贈与については，適用しない。

第5条（遺産の分割前における預貯金債権の行使に関する経過措置）

1　新民法第909条の2の規定は，施行日前に開始した相続に関し，施行日以後に預貯金債権が行使されるときにも，適用する。

2　施行日から附則第1条第3号に定める日の前日までの間における新民法第909条の2の規定の適用については，同条中「預貯金債権のうち」とあるのは，「預貯金債権（預金口座又は貯金口座に係る預金又は貯金に係る債権をいう。以下同じ。）のうち」とする。

第6条（自筆証書遺言の方式に関する経過措置）

附則第1条第2号に掲げる規定の施行の日前にされた自筆証書遺言については，新民法第968条第2項及び第3項の規定にかかわらず，なお従前の例による。

第 7 条（遺贈義務者の引渡義務等に関する経過措置）
1　附則第 1 条第 3 号に掲げる規定の施行の日（以下「第 3 号施行日」という。）前にされた遺贈に係る遺贈義務者の引渡義務については，新民法第 998 条の規定にかかわらず，なお従前の例による。
2　第 1 条の規定による改正前の民法第 1000 条の規定は，第 3 号施行日前にされた第三者の権利の目的である財産の遺贈については，なおその効力を有する。

第 8 条（遺言執行者の権利義務等に関する経過措置）
1　新民法第 1007 条第 2 項及び第 1012 条の規定は，施行日前に開始した相続に関し，施行日以後に遺言執行者となる者にも，適用する。
2　新民法第 1014 条第 2 項から第 4 項までの規定は，施行日前にされた特定の財産に関する遺言に係る遺言執行者によるその執行については，適用しない。
3　施行日前にされた遺言に係る遺言執行者の復任権については，新民法第 1016 条の規定にかかわらず，なお従前の例による。

第 9 条（撤回された遺言の効力に関する経過措置）
第 3 号施行日前に撤回された遺言の効力については，新民法第 1025 条ただし書の規定にかかわらず，なお従前の例による。

第 10 条（配偶者の居住の権利に関する経過措置）
1　第 2 条の規定による改正後の民法（次項において「第 4 号新民法」という。）第 1028 条から第 1041 条までの規定は，次項に定めるものを除き，附則第 1 条第 4 号に掲げる規定の施行の日（以下この条において「第 4 号施行日」という。）以後に開始した相続について適用し，第 4 号施行日前に開始した相続については，なお従前の例による。
2　第 4 号新民法第 1028 条から第 1036 条までの規定は，第 4 号施行日前にされた遺贈については，適用しない。

4　非訟事件手続法（2021年改正　主なもの）

第85条（共有物の管理に係る決定）

1　次に掲げる裁判に係る事件は，当該裁判に係る共有物又は民法（明治29年法律第89号）第264条に規定する数人で所有権以外の財産権を有する場合における当該財産権（以下この条において単に「共有物」という。）の所在地を管轄する地方裁判所の管轄に属する。

⑴民法第251条第2項，第252条第2項第1号及び第252条の2第2項（これらの規定を同法第264条において準用する場合を含む。）の規定による裁判

⑵民法第252条第2項第2号（同法第264条において準用する場合を含む。第3項において同じ。）の規定による裁判

2　前項第1号の裁判については，裁判所が次に掲げる事項を公告し，かつ，第2号の期間が経過した後でなければ，することができない。この場合において，同号の期間は，1箇月を下ってはならない。

⑴当該共有物について前項第1号の裁判の申立てがあったこと。

⑵裁判所が前項第1号の裁判をすることについて異議があるときは，当該他の共有者等（民法第251条第2項（同法第264条において準用する場合を含む。）に規定する当該他の共有者，同法第252条第2項第1号（同法第264条において準用する場合を含む。）に規定する他の共有者又は同法第252条の2第2項（同法第264条において準用する場合を含む。）に規定する当該共有者をいう。第6項において同じ。）は一定の期間までにその旨の届出をすべきこと。

⑶前号の届出がないときは，裁判所が前項第1号の裁判をすること。

3　第1項第2号の裁判については，裁判所が次に掲げる事項を当該他の共有者（民法第252条第2項第2号に規定する当該他の共有者をいう。以下この項及び次項において同じ。）に通知し，かつ，第2号の期間が経過した後でなければ，することができない。この場合において，同号の期間は，1箇月を下ってはならない。

⑴当該共有物について第1項第2号の裁判の申立てがあったこと。

⑵当該他の共有者は裁判所に対し一定の期間までに共有物の管理に関する事項を決することについて賛否を明らかにすべきこと。

⑶前号の期間内に当該他の共有者が裁判所に対し共有物の管理に関する事項を決することについて賛否を明らかにしないときは，裁判所が第1項第2号の裁判をすること。

4　前項第2号の期間内に裁判所に対し共有物の管理に関する事項を決することについて賛否を明らかにした当該他の共有者があるときは，裁判所は，その者に係る第1項第2号の裁判をすることができない。

5　第1項各号の裁判は，確定しなければその効力を生じない。

6　第1項第1号の裁判は，当該他の共有者等に告知することを要しない。

第87条（所在等不明共有者の持分の取得）

1　所在等不明共有者の持分の取得の裁判（民法第262条の2第1項（同条第5項において準用する場合を含む。次項第1号において同じ。）の規定による所在等

不明共有者の持分の取得の裁判をいう。以下この条において同じ。）に係る事件は，当該裁判に係る不動産の所在地を管轄する地方裁判所の管轄に属する。

2　裁判所は，次に掲げる事項を公告し，かつ，第 2 号，第 3 号及び第 5 号の期間が経過した後でなければ，所在等不明共有者の持分の取得の裁判をすることができない。この場合において，第 2 号，第 3 号及び第 5 号の期間は，いずれも 3 箇月を下ってはならない。

⑴所在等不明共有者（民法第 262 条の 2 第 1 項に規定する所在等不明共有者をいう。以下この条において同じ。）の持分について所在等不明共有者の持分の取得の裁判の申立てがあったこと。

⑵裁判所が所在等不明共有者の持分の取得の裁判をすることについて異議があるときは，所在等不明共有者は一定の期間までにその旨の届出をすべきこと。

⑶民法第 262 条の 2 第 2 項（同条第 5 項において準用する場合を含む。）の異議の届出は，一定の期間までにすべきこと。

⑷前 2 号の届出がないときは，裁判所が所在等不明共有者の持分の取得の裁判をすること。

⑸所在等不明共有者の持分の取得の裁判の申立てがあった所在等不明共有者の持分について申立人以外の共有者が所在等不明共有者の持分の取得の裁判の申立てをするときは一定の期間内にその申立てをすべきこと。

3　裁判所は，前項の規定による公告をしたときは，遅滞なく，登記簿上その氏名又は名称が判明している共有者に対し，同項各号（第 2 号を除く。）の規定により公告した事項を通知しなければならない。この通知は，通知を受ける者の登記簿上の住所又は事務所に宛てて発すれば足りる。

4　裁判所は，第 2 項第 3 号の異議の届出が同号の期間を経過した後にされたときは，当該届出を却下しなければならない。

5　裁判所は，所在等不明共有者の持分の取得の裁判をするには，申立人に対して，一定の期間内に，所在等不明共有者のために，裁判所が定める額の金銭を裁判所の指定する供託所に供託し，かつ，その旨を届け出るべきことを命じなければならない。

6　裁判所は，前項の規定による決定をなした後所在等不明共有者の持分の取得の裁判をするまでの間に，事情の変更により同項の規定による決定で定めた額を不当と認めるに至ったときは，同項の規定により供託すべき金銭の額を変更しなければならない。

7　前 2 項の規定による裁判に対しては，即時抗告をすることができる。

8　裁判所は，申立人が第 5 項の規定による決定に従わないときは，その申立人の申立てを却下しなければならない。

9　所在等不明共有者の持分の取得の裁判は，確定しなければその効力を生じない。

10　所在等不明共有者の持分の取得の裁判は，所在等不明共有者に告知することを要しない。

11　所在等不明共有者の持分の取得の裁判の申立てを受けた裁判所が第 2 項の規定による公告をした場合において，その申立てがあった所在等不明共有者の持分について申立人以外の共有者が同項第5号の期間が経過した後に所在等不明共有者の持分の取得の裁判の申立てをしたときは，裁判所は，当該申立人以外の共有者による所在等不明共有者の持分の取得の裁判の申立てを却下しなければならない。

第88条（所在等不明共有者の持分を譲渡する権限の付与）

1　所在等不明共有者の持分を譲渡する権限の付与の裁判（民法第262条の3第1項（同条第4項において準用する場合を含む。第3項において同じ。）の規定による所在等不明共有者の持分を譲渡する権限の付与の裁判をいう。第3項において同じ。）に係る事件は，当該裁判に係る不動産の所在地を管轄する地方裁判所の管轄に属する。

2　前条第2項第1号，第2号及び第4号並びに第5項から第10項までの規定は，前項の事件について準用する。

3　所在等不明共有者の持分を譲渡する権限の付与の裁判の効力が生じた後2箇月以内にその裁判により付与された権限に基づく所在等不明共有者（民法第262条の3第1項に規定する所在等不明共有者をいう。）の持分の譲渡の効力が生じないときは，その裁判は，その効力を失う。ただし，この期間は，裁判所において伸長することができる。

第89条（検察官の不関与）

第40条の規定は，この章の規定による非訟事件の手続には，適用しない。

第90条（所有者不明土地管理命令及び所有者不明建物管理命令）

1　民法第2編第3章第4節の規定による非訟事件は，裁判を求める事項に係る不動産の所在地を管轄する地方裁判所の管轄に属する。

2　裁判所は，次に掲げる事項を公告し，かつ，第2号の期間が経過した後でなければ，所有者不明土地管理命令（民法第264条の2第1項に規定する所有者不明土地管理命令をいう。以下この条において同じ。）をすることができない。この場合において，同号の期間は，1箇月を下ってはならない。

⑴所有者不明土地管理命令の申立てがその対象となるべき土地又は共有持分についてあったこと。

⑵所有者不明土地管理命令をすることについて異議があるときは，所有者不明土地管理命令の対象となるべき土地又は共有持分を有する者は一定の期間までにその旨の届出をすべきこと。

⑶前号の届出がないときは，裁判所が所有者不明土地管理命令をすること。

3　民法第264条の3第2項又は第264条の6第2項の許可の申立てをする場合には，その許可を求める理由を疎明しなければならない。

4　裁判所は，民法第264条の6第1項の規定による解任の裁判又は同法第264条の7第1項の規定による費用若しくは報酬の額を定める裁判をする場合には，所有者不明土地管理人（同法第264条の2第4項に規定する所有者不明土地管理人をいう。以下この条において同じ。）の陳述を聴かなければならない。

5　次に掲げる裁判には，理由を付さなければならない。

⑴所有者不明土地管理命令の申立てを却下する裁判
⑵民法第264条の3第2項又は第264条の6第2項の許可の申立てを却下する裁判
⑶民法第264条の6第1項の規定による解任の申立てについての裁判
6　所有者不明土地管理命令があった場合には，裁判所書記官は，職権で，遅滞なく，所有者不明土地管理命令の対象とされた土地又は共有持分について，所有者不明土地管理命令の登記を嘱託しなければならない。
7　所有者不明土地管理命令を取り消す裁判があったときは，裁判所書記官は，職権で，遅滞なく，所有者不明土地管理命令の登記の抹消を嘱託しなければならない。
8　所有者不明土地管理人は，所有者不明土地管理命令の対象とされた土地又は共有持分及び所有者不明土地管理命令の効力が及ぶ動産の管理，処分その他の事由により金銭が生じたときは，その所有者（その共有持分を有する者を含む。）のために，当該金銭を所有者不明土地管理命令の対象とされた土地（共有持分を対象として所有者不明土地管理命令が発せられた場合にあっては，共有物である土地）の所在地の供託所に供託することができる。この場合において，供託をしたときは，法務省令で定めるところにより，その旨その他法務省令で定める事項を公告しなければならない。
9　裁判所は，所有者不明土地管理命令を変更し，又は取り消すことができる。
10　裁判所は，管理すべき財産がなくなったとき（管理すべき財産の全部が供託されたときを含む。）その他財産の管理を継続することが相当でなくなったときは，所有者不明土地管理人若しくは利害関係人の申立てにより又は職権で，所有者不明土地管理命令を取り消さなければならない。
11　所有者不明土地等（民法第264条の3第1項に規定する所有者不明土地等をいう。以下この条において同じ。）の所有者（その共有持分を有する者を含む。以下この条において同じ。）が所有者不明土地等の所有権（その共有持分を含む。）が自己に帰属することを証明したときは，裁判所は，当該所有者の申立てにより，所有者不明土地管理命令を取り消さなければならない。この場合において，所有者不明土地管理命令が取り消されたときは，所有者不明土地管理人は，当該所有者に対し，その事務の経過及び結果を報告し，当該所有者に帰属することが証明された財産を引き渡さなければならない。
12　所有者不明土地管理命令及びその変更の裁判は，所有者不明土地等の所有者に告知することを要しない。
13　所有者不明土地管理命令の取消の裁判は，事件の記録上所有者不明土地等の所有者及びその所在が判明している場合に限り，その所有者に告知すれば足りる。
14　次の各号に掲げる裁判に対しては，当該各号に定める者に限り，即時抗告をすることができる。
⑴所有者不明土地管理命令　利害関係人
⑵民法第264条の6第1項の規定による解任の裁判　利害関係人
⑶民法第264条の7第1項の規定による費用又は報酬の額を定める裁判　所有者

不明土地管理人
⑷第9項から第11項までの規定による変更又は取消の裁判　利害関係人

15　次に掲げる裁判に対しては，不服を申し立てることができない。
⑴民法第264条の2第4項の規定による所有者不明土地管理人の選任の裁判
⑵民法第264条の3第2項又は第264条の6第2項の許可の裁判

16　第2項から前項までの規定は，民法第264条の8第1項に規定する所有者不明建物管理命令に係る事件について準用する。

(管理不全土地管理命令及び管理不全建物管理命令)

第91条

1　民法第2編第3章第5節の規定による非訟事件は，裁判を求める事項に係る不動産の所在地を管轄する地方裁判所の管轄に属する。

2　民法第264条の10第2項又は第264条の12第2項の許可の申立てをする場合には，その許可を求める理由を疎明しなければならない。

3　裁判所は，次の各号に掲げる裁判をする場合には，当該各号に定める者の陳述を聴かなければならない。ただし，第1号に掲げる裁判をする場合において，その陳述を聴く手続を経ることにより当該裁判の申立ての目的を達することができない事情があるときは，この限りでない。
⑴管理不全土地管理命令（民法第264条の9第1項に規定する管理不全土地管理命令をいう。以下この条において同じ。）　管理不全土地管理命令の対象となるべき土地の所有者
⑵民法第264条の10第2項の許可の裁判　管理不全土地管理命令の対象とされた土地の所有者
⑶民法第264条の12第1項の規定による解任の裁判　管理不全土地管理人（同法第264条の9第3項に規定する管理不全土地管理人をいう。以下この条において同じ。）
⑷民法第264条の13第1項の規定による費用の額を定める裁判　管理不全土地管理人
⑸民法第264条の13第1項の規定による報酬の額を定める裁判　管理不全土地管理人及び管理不全土地管理命令の対象とされた土地の所有者

4　次に掲げる裁判には，理由を付さなければならない。
⑴管理不全土地管理命令の申立てについての裁判
⑵民法第264条の10第2項の許可の申立てについての裁判
⑶民法第264条の12第1項の規定による解任の申立てについての裁判
⑷民法第264条の12第2項の許可の申立てを却下する裁判

5　管理不全土地管理人は，管理不全土地管理命令の対象とされた土地及び管理不全土地管理命令の効力が及ぶ動産の管理，処分その他の事由により金銭が生じたときは，その所有者（その共有持分を有する者を含む。）のために，当該金銭を管理不全土地管理命令の対象とされた土地の所在地の供託所に供託することができる。この場合において，供託をしたときは，法務省令で定めるところにより，その旨その他法務省令で定める事項を公告しなければならない。

6　裁判所は，管理不全土地管理命令を変更し，又は取り消すことができる。
7　裁判所は，管理すべき財産がなくなったとき（管理すべき財産の全部が供託されたときを含む。）その他財産の管理を継続することが相当でなくなったときは，管理不全土地管理人若しくは利害関係人の申立てにより又は職権で，管理不全土地管理命令を取り消さなければならない。
8　土の各号に掲げる裁判に対しては，当該各号に定める者に限り，即時抗告することができる。
⑴管理不全土地管理命令　利害関係人
⑵民法第 264 条の 10 第 2 項の許可の裁判　管理不全土地管理命令の対象とされた土地の所有者
⑶民法第 264 条の 12 第 1 項の規定による解任の裁判　利害関係人
⑷民法第 264 条の 13 第 1 項の規定による費用の額を定める裁判　管理不全土地管理人
⑸民法第 264 条の 13 第 1 項の規定による報酬の額を定める裁判　管理不全土地管理人及び管理不全土地管理命令の対象とされた土地の所有者
⑹前 2 項の規定のよる変更又は取消しの裁判　利害関係人
9　次に掲げる裁判に対しては，不服を申し立てることができない。
⑴民法第 264 条の 9 第 3 項の規定による管理不全土地管理人の選任の裁判
⑵民法第 264 条の 12 第 2 項の許可の裁判
10　第 2 項から前項までの規定は，民法第 264 条の 14 第 1 項に規定する管理不全建物管理命令に係る事件について準用する。

第 92 条（適用除外）
第 40 条及び第 57 条第 2 項第 2 号の規定は，この章の規定による非訟事件の手続には，適用しない。

5　家事事件手続法（2018年・2021年改正　主なもの）

＊　以下の一部改正のうち，アンダーラインは2018年改正部分を，ラインマークは2021年改正部分を示している。

（相続に関する審判事件の管轄権）

第3条の11〈2018年・2021年一部改正〉

1　裁判所は，相続に関する審判事件（別表第一の86の項から110の項まで及び133の項並びに別表第二の11の項から15の項までの事項についての審判事件をいう。）について，相続開始の時における被相続人の住所が日本国内にあるとき，住所がない場合又は住所が知れない場合には相続開始の時における被相続人の居所が日本国内にあるとき，居所がない場合又は居所が知れない場合には被相続人が相続開始の前に日本国内に住所を有していたとき（日本国内に最後に住所を有していた後に外国に住所を有していたときを除く。）は，管轄権を有する。

2　相続開始の前に推定相続人の廃除の審判事件（別表第一の86の項の事項についての審判事件をいう。以下同じ。），推定相続人の廃除の審判の取消しの審判事件（同表の87の項の事項についての審判事件をいう。第188条第1項及び第189条第1項において同じ。），遺言の確認の審判事件（同表の102の項の事項についての審判事件をいう。第209条第2項において同じ。）又は遺留分の放棄についての許可の審判事件（同表の110の項の事項についての審判事件をいう。第216条第1項第2号において同じ。）の申立てがあった場合における前項の規定の適用については，同項中「相続開始の時における被相続人」とあるのは「被相続人」と，「相続開始の前」とあるのは「申立て前」とする。

3　裁判所は，第1項に規定する場合のほか，推定相続人の廃除の審判又はその取消しの審判の確定前の遺産の管理に関する処分の審判事件（別表第一の88の項の事項についての審判事件をいう。第189条第1項及び第2項において同じ。），相続財産の保存又は管理に関する処分の審判事件（同表の89の項の事項についての審判事件をいう。第190条の2において同じ。），限定承認を受理した場合における相続財産の清算人の選任の審判事件（同表の94の項の事項についての審判事件をいう。），財産分離の請求後の相続財産の管理に関する処分の審判事件（同表の97の項の事項についての審判事件をいう。第202条第1項第2号及び第3項において同じ。）及び相続人の不存在の場合における相続財産の清算に関する処分の審判事件（同表の99の項の事項についての審判事件をいう。以下同じ。）について，相続財産に属する財産が日本国内にあるときは，管轄権を有する。

4　当事者は，合意により，いずれの国の裁判所に遺産の分割に関する審判事件（別表第二の12の項から14の項までの事項についての審判事件をいう。第3条の14及び第191条第1項において同じ。）及び特別の寄与に関する処分の審判事件（同表の15の項の事項についての審判事件をいう。第3条の14及び第216条の2において同じ。）の申立てをすることができるかについて定めることができる。

5　民事訴訟法（平成8年法律第109号）第3条の7第2項から第4項までの規定は，前項の合意について準用する。

（特別の事情による申立ての却下）
第3条の14〈2018年一部改正〉
　裁判所は，第3条の2から前条までに規定する事件について日本の裁判所が管轄権を有することとなる場合（遺産の分割に関する審判事件又は特別の寄与に関する処分の審判事件について，日本の裁判所にのみ申立てをすることができる旨の合意に基づき申立てがされた場合を除く。）においても，事案の性質，申立人以外の事件の関係人の負担の程度，証拠の所在地，未成年者である子の利益その他の事情を考慮して，日本の裁判所が審理及び裁判をすることが適正かつ迅速な審理の実現を妨げ，又は相手方がある事件について申立人と相手方との間の衡平を害することとなる特別の事情があると認めるときは，その申立ての全部又は一部を却下することができる。

（家事審判の申立ての取下げ）
第82条〈2021年一部改正〉
1　家事審判の申立ては，特別の定めがある場合を除き，審判があるまで，その全部又は一部を取り下げることができる。
2　別表第二に掲げる事項についての家事審判の申立ては，審判が確定するまで，その全部又は一部を取り下げることができる。ただし，申立ての取下げは，審判がされた後にあっては，相手方の同意を得なければ，その効力を生じない。
3　前項ただし書，第153条（第199条第1項において準用する場合を含む。）及び第199条第2項の規定により申立ての取下げについて相手方の同意を要する場合においては，家庭裁判所は，相手方に対し，申立ての取下げがあったことを通知しなければならない。ただし，申立ての取下げが家事審判の手続の期日において口頭でされた場合において，相手方がその期日に出頭したときは，この限りでない。
4　前項本文の規定による通知を受けた日から2週間以内に相手方が異議を述べないときは，申立ての取下げに同意したものとみなす。同項ただし書の規定による場合において，申立ての取下げがあった日から2週間以内に相手方が異議を述べないときも，同様とする。
5　民事訴訟法第261条第3項及び第262条第1項の規定は，家事審判の申立ての取下げについて準用する。この場合において，同法第261条第3項ただし書中「口頭弁論，弁論準備手続又は和解の期日（以下この章において「口頭弁論等の期日」という。）」とあるのは，「家事審判の手続の期日」と読み替えるものとする。

（供託等）
第146条の2〈2021年全面改定〉
1　家庭裁判所が選任した管理人は，不在者の財産の管理，処分その他の事由により金銭が生じたときは，不在者のために，当該金銭を不在者の財産の管理に関する処分を命じた裁判所の所在地を管轄する家庭裁判所の管轄区域内の供託所に供託することができる。
2　家庭裁判所が選任した管理人は，前項の規定による供託をしたときは，法務省令で定めるところにより，その旨その他法務省令で定める事項を公告しなければならない。

（処分の取消し）
第 147 条〈2021 年一部改正〉
　家庭裁判所は，不在者が財産を管理することができるようになったとき，管理すべき財産がなくなったとき（家庭裁判所が選任した管理人が管理すべき財産の全部が供託されたときを含む。）その他財産の管理を継続することが相当でなくなったときは，不在者，管理人若しくは利害関係人の申立てにより又は職権で，民法第 25 条第 1 項の規定による管理人の選任その他の不在者の財産の管理に関する処分の取消しの審判をしなければならない。

（処分の取消し）
第 190 条の 2〈2021 年新設〉
1　相続財産の保存又は管理に関する処分の審判事件は，相続が開始した地を管轄する家庭裁判所の管轄に属する。
2　第 125 条第 1 項から第 6 項まで，第 146 条の 2 及び第 147 条の規定は，相続財産の保存又は管理に関する処分の審判事件について準用する。この場合において，第 125 条第 3 項中「成年被後見人の財産」とあるのは，「相続財産」と読み替えるものとする。

（申立ての取下げの制限）
第 199 条〈2021 年第 2 項新設〉
1　第 153 条の規定は，遺産の分割の審判の申立ての取下げについて準用する。
2　第 82 条第 2 項の規定にかかわらず，遺産の分割の審判の申立ての取下げは，相続開始の時から 10 年を経過した後にあっては，相手方の同意を得なければ，その効力を生じない。

（遺産の分割の審判事件を本案とする保全処分）
第 200 条〈2018 年一部改正〉
1　家庭裁判所（第 105 条第 2 項の場合にあっては，高等裁判所。次項及び第 3 項において同じ。）は，遺産の分割の審判又は調停の申立てがあった場合において，財産の管理のため必要があるときは，申立てにより又は職権で，担保を立てさせないで，遺産の分割の申立てについての審判が効力を生ずるまでの間，財産の管理者を選任し，又は事件の関係人に対し，財産の管理に関する事項を指示することができる。
2　家庭裁判所は，遺産の分割の審判又は調停の申立てがあった場合において，強制執行を保全し，又は事件の関係人の急迫の危険を防止するため必要があるときは，当該申立てをした者又は相手方の申立てにより，遺産の分割の審判を本案とする仮差押え，仮処分その他の必要な保全処分を命ずることができる。
3　前項に規定するもののほか，家庭裁判所は，遺産の分割の審判又は調停の申立てがあった場合において，相続財産に属する債務の弁済，相続人の生活費の支弁その他の事情により遺産に属する預貯金債権（民法第466条の5第1項に規定する預貯金債権をいう。以下この項において同じ。）を当該申立てをした者又は相手方が行使する必要があると認めるときは，その申立てにより，遺産に属する特定の預貯金債権の全部又は一部をその者に仮に取得させることができる。ただし，他の共同相続人の利益を害するときは，この限りでない。

4　第125条第1項から第6項までの規定及び民法第27条から第29条まで（同法第27条第2項を除く。）の規定は，第1項の財産の管理者について準用する。この場合において，第125条第3項中「成年被後見人の財産」とあるのは，「遺産」と読み替えるものとする。

（遺言執行者の解任の審判事件を本案とする保全処分）

第215条〈2018年一部改正〉

1　家庭裁判所（第105条第2項の場合にあっては，高等裁判所。第3項及び第4項において同じ。）は，遺言執行者の解任の申立てがあった場合において，遺言の内容の実現のため必要があるときは，当該申立てをした者の申立てにより，遺言執行者の解任の申立てについての審判が効力を生ずるまでの間，遺言執行者の職務の執行を停止し，又はその職務代行者を選任することができる。

2　前項の規定による遺言執行者の職務の執行を停止する審判は，職務の執行を停止される遺言執行者，他の遺言執行者又は同項の規定により選任した職務代行者に告知することによって，その効力を生ずる。

3　家庭裁判所は，いつでも，第1項の規定により選任した職務代行者を改任することができる。

4　家庭裁判所は，第1項の規定により選任し，又は前項の規定により改任した職務代行者に対し，相続財産の中から，相当な報酬を与えることができる。

第216条〈2018年一部改正〉

1　次の各号に掲げる審判事件は，当該各号に定める地を管轄する家庭裁判所の管轄に属する。

⑴遺留分を算定するための財産の価額を定める場合における鑑定人の選任の審判事件（別表第一の109の項の事項についての審判事件をいう。）　相続が開始した地

⑵遺留分の放棄についての許可の審判事件　被相続人の住所地

2　遺留分の放棄についての許可の申立てをした者は，申立てを却下する審判に対し，即時抗告をすることができる。

（管轄）〈2018年新設〉

第216条の2

特別の寄与に関する処分の審判事件は，相続が開始した地を管轄する家庭裁判所の管轄に属する。

（給付命令）

第216条の3〈2018年新設〉

家庭裁判所は，特別の寄与に関する処分の審判において，当事者に対し，金銭

の支払を命ずることができる。

（即時抗告）
第216条の4〈2018年新設〉
次の各号に掲げる審判に対しては，当該各号に定める者は，即時抗告をすることができる。
(1)特別の寄与に関する処分の審判　申立人及び相手方
(2)特別の寄与に関する処分の申立てを却下する審判　申立人

（特別の寄与に関する審判事件を本案とする保全処分）
第216条の5〈2018年新設〉
家庭裁判所（第105条第2項の場合にあっては，高等裁判所）は，特別の寄与に関する処分についての審判又は調停の申立てがあった場合において，強制執行を保全し，又は申立人の急迫の危険を防止するため必要があるときは，当該申立てをした者の申立てにより，特別の寄与に関する処分の審判を本案とする仮差押え，仮処分その他の必要な保全処分を命ずることができる。

（家事調停の申立ての取下げ）
第273条〈2021年一部改正〉
1　家事調停の申立ては，家事調停事件が終了するまで，その全部又は一部を取り下げることができる。
2　前項の規定にかかわらず，遺産の分割の調停の申立ての取下げは，相続開始の時から10年を経過した後にあっては，相手方の同意を得なければ，その効力を生じない。
3　第82条第3項及び第4項並びに民事訴訟法第261条第3項及び第262条第1項の規定は，家事調停の申立ての取下げについて準用する。この場合において，第82条第3項中「前項ただし書き，第153条（第199条第1項において準用する場合を含む。）及び第199条第2項」とあるのは「第273条第2項」と，同法第261条第3項ただし書中「口頭弁論，弁論準備手続又は和解の期日（以下この章において「口頭弁論等の期日」という。）」とあるのは「家事調停の手続の期日」と読み替えるものとする。

6　不動産登記法（2021 年改正　主なもの）

（判決による登記等）
第 63 条〈一部改正〉
1　第 60 条，第 65 条又は第 89 条第 1 項（同条第 2 項（第 95 条第 2 項において準用する場合を含む。）及び第 95 条第 2 項において準用する場合を含む。）の規定にかかわらず，これらの規定により申請を共同してしなければならない者の一方に登記手続をすべきことを命ずる確定判決による登記は，当該申請を共同してしなければならない者の他方が単独で申請することができる。
2　相続又は法人の合併による権利の移転の登記は，登記権利者が単独で申請することができる。
3　遺贈（相続人に対する遺贈に限る。）による所有権の移転の登記は，第 60 条の規定にかかわらず，登記権利者が単独で申請することができる。

（買戻しの特約に関する登記の抹消）
第 69 条の 2〈新設〉
買戻しの特約に関する登記がされている場合において，契約の日から 10 年を経過したときは，第 60 条の規定にかかわらず，登記権利者は，単独で当該登記の抹消を申請することができる。

（除権決定による登記の抹消等）
第 70 条〈一部改正〉
1　登記権利者は，共同して登記の抹消の申請をすべき者の所在が知れないためその者と登記義務者と共同して権利に関する登記の抹消を申請することができないときは，非訟事件手続法（平成 23 年法律第 51 号）第 99 条に規定する公示催告の申立てをすることができる。
2　前項の登記が地上権，永小作権，質権，賃借権若しくは採石権に関する登記又は買戻しの特約に関する登記であり，かつ，登記された存続期間又は買戻しの期間が満了している場合において，相当の調査が行われたと認められるものとして法務省令で定める方法により調査を行ってもなお共同してして登記の抹消の申請をすべき者の所在が判明しないときは，その者の所在が知れないものとみなして，同項の規定を適用する。
3　前 2 項の場合において，非訟事件手続法第 106 条第 1 項に規定する除権決定があったときは，第 60 条の規定にかかわらず，当該登記権利者は，単独で第 1 項の登記の抹消を申請することができる。
4　第 1 項に規定する場合において，登記権利者が先取特権，質権又は抵当権の被担保債権が消滅したことを証する情報として政令で定めるものを提供したときは，第 60 条の規定にかかわらず，当該登記権利者は，単独でそれらの権利に関する登記の抹消を申請することができる。同項に規定する場合において，被担保債権の弁済期から 20 年を経過し，かつ，その期間を経過した後に当該被担保債権，その利息及び債務不履行により生じた損害の全額に相当する金銭が供託されたときも，同様とする。

（解散した法人の担保権に関する登記の抹消）
第70条の2〈新設〉
　登記権利者は，共同して登記の抹消の申請をすべき法人が解散し，前条第2項に規定する方法により調査を行ってもなおその法人の清算人の所在が判明しないためその法人と共同して先取特権，質権又は抵当権に関する登記の抹消を申請することができない場合において，被担保債権の弁済期から30年を経過し，かつ，その法人の解散の日から30年を経過したときは，第60条の規定にかかわらず，単独で当該登記の抹消を申請することができる。

（所有権の登記の登記事項）
第73条の2〈新設〉
1　所有権の登記の登記事項は，第59条各号に掲げるもののほか，次のとおりとする。
(1)所有権の登記名義人が法人であるときは，会社法人等番号（商業登記法（昭和38年法律第125号）第7条（他の法令において準用する場合を含む。）に規定する会社法人等番号をいう。）その他の特定の法人を識別するために必要な事項として法務省令で定めるもの
(2)所有権の登記名義人が国内に住所を有しないときは，その国内における連絡先となる者の氏名又は名称及び住所その他の国内における連絡先に関する事項として法務省令で定めるもの
2　前項各号に掲げる登記事項についての登記に関し必要な事項は，法務省令で定める。

（相続等による所有権の移転の登記の申請）
第76条の2〈新設〉
1　所有権の登記名義人について相続の開始があったときは，当該相続により所有権を取得した者は，自己のために相続の開始があったことを知り，かつ，当該所有権を取得したことを知った日から3年以内に，所有権の移転の登記を申請しなければならない。遺贈（相続人に対する遺贈に限る。）により所有権を取得した者も，同様とする。
2　前項前段の規定による登記（民法第900条及び第901条の規定により算定した相続分に応じてされたものに限る。次条第4項において同じ。）がされた後に遺産の分割があったときは，当該遺産の分割によって当該相続分を超えて所有権を取得した者は，当該遺産の分割の日から3年以内に，所有権の移転の登記を申請しなければならない。
3　前2項の規定は，代位者その他の者の申請又は嘱託により，当該各項の規定による登記がされた場合には，適用しない。

（相続人である旨の申出等）
第76条の3〈新設〉
1　前条第1項の規定により所有権の移転の登記を申請する義務を負う者は，法務省令で定めるところにより，登記官に対し，所有権の登記名義人について相続

が開始した旨及び自らが当該所有権の登記名義人の相続人である旨を申し出ることができる。

2　前条第 1 項に規定する期間内に前項の規定による申出をした者は，同条第 1 項に規定する所有権の取得（当該申出の前にされた遺産の分割によるものを除く。）に係る所有権の移転の登記を申請する義務を履行したものとみなす。

3　登記官は，第 1 項の規定による申出があったときは，職権で，その旨並びに当該申出をした者の氏名及び住所その他法務省令で定める事項を所有権の登記に付記することができる。

4　第 1 項の規定による申出をした者は，その後の遺産の分割によって所有権を取得したとき（前条第 1 項前段の規定による登記がされた後に当該遺産の分割によって所有権を取得したときを除く。）は，当該遺産の分割の日から 3 年以内に，所有権の移転の登記を申請しなければならない。

5　前項の規定は，代位者その他の者の申請又は嘱託により，同項の規定による登記がされた場合には，適用しない。

6　第 1 項の規定による申出の手続及び第 3 項の規定による登記に関し必要な事項は，法務省令で定める。

（所有権の登記名義人についての符号の表示）

第 76 条の 4〈新設〉

登記官は，所有権の登記名義人（法務省令で定めるものに限る。）が権利能力を有しないこととなったと認めるべき場合として法務省令で定める場合には，法務省令で定めるところにより，職権で，当該所有権の登記名義人についてその旨を示す符号を表示することができる。

（所有権の登記名義人の氏名等の変更の登記の申請）

第 76 条の 5〈新設〉

所有権の登記名義人の氏名若しくは名称又は住所について変更があったときは，当該所有権の登記名義人は，その変更があった日から 2 年以内に，氏名若しくは名称又は住所についての変更の登記を申請しなければならない。

（職権による氏名等の変更の登記）

第 76 条の 6〈新設〉

登記官は，所有権の登記名義人の氏名若しくは名称又は住所について変更があったと認めるべき場合として法務省令で定める場合には，法務省令で定めるところにより，職権で，氏名若しくは名称又は住所についての変更の登記をすることができる。ただし，当該所有権の登記名義人が自然人であるときは，その申出があるときに限る。

（登記事項証明書の交付等）

第 119 条〈一部改正〉

1　何人も，登記官に対し，手数料を納付して，登記記録に記録されている事項の全部又は一部を証明した書面（以下「登記事項証明書」という。）の交付を請求することができる。

2　何人も，登記官に対し，手数料を納付して，登記記録に記録されている事項の概要を記載した書面の交付を請求することができる。
3　前2項の手数料の額は，物価の状況，登記事項証明書の交付に要する実費その他一切の事情を考慮して政令で定める。
4　第1項及び第2項の手数料の納付は，収入印紙をもってしなければならない。ただし，法務省令で定める方法で登記事項証明書の交付を請求するときは，法務省令で定めるところにより，現金をもってすることができる。
5　第1項の交付の請求は，法務省令で定める場合を除き，請求に係る不動産の所在地を管轄する登記所以外の登記所の登記官に対してもすることができる。
6　登記官は，第1項及び第2項の規定にかかわらず，登記記録に記録されている者（自然人であるものに限る。）の住所が明らかにされることにより，人の生命若しくは身体に危害を及ぼすおそれがある場合又はこれに準ずる程度に心身に有害な影響を及ぼすおそれがあるものとして法務省令で定める場合において，その者からの申出があったときは，法務省令で定めるところにより，第1項及び第2項に規定する各書面に当該住所に代わるものとして法務省令で定める事項を記載しなければならない。

（所有不動産記録証明書の交付等）
第119条の2〈新設〉
1　何人も，登記官に対し，手数料を納付して，自らが所有権の登記名義人（これに準ずる者として法務省令で定めるものを含む。）として記録されている不動産に係る登記記録に記録されている事項のうち法務省令で定めるもの（記録がないときは，その旨）を証明した書面（以下この条において「所有不動産記録証明書」という。）の交付を請求することができる。
2　相続人その他の一般承継人は，登記官に対し，手数料を納付して，被承継人に係る所有不動産記録証明書の交付を請求することができる。
3　前2項の交付の請求は，法務大臣の指定する登記所の登記官に対し，法務省令で定めるところにより，することができる。
4　前条第3項及び第4項の規定は，所有不動産記録証明書の手数料について準用する。

（地図の写しの交付等）
第120条〈一部改正〉
1　何人も，登記官に対し，手数料を納付して，地図，建物所在図又は地図に準ずる図面（以下この条において「地図等」という。）の全部又は一部の写し（地図等が電磁的記録に記録されているときは，当該記録された情報の内容を証明した書面）の交付を請求することができる。
2　何人も，登記官に対し，手数料を納付して，地図等（地図等が電磁的記録に記録されているときは，当該記録された情報の内容を法務省令で定める方法により表示したもの）の閲覧を請求することができる。
3　第119条第3項から第5項までの規定は，地図等について準用する。

（登記簿の附属書類の写しの交付等）

第121条〈一部改正〉

1　何人も，登記官に対し，手数料を納付して，登記簿の附属書類（電磁的記録を含む。以下同じ。）のうち政令で定める図面の全部又は一部の写し（これらの図面が電磁的記録に記録されているときは，当該記録された情報の内容を証明した書面）の交付を請求することができる。

2　何人も，登記官に対し，手数料を納付して，登記簿の附属書類のうち前項の図面（電磁的記録にあっては，記録された情報の内容を法務省令で定める方法により表示したもの。次項において同じ。）の閲覧を請求することができる。

3　何人も，正当な理由があるときは，登記官に対し，法務省令で定めるところにより，手数料を納付して，登記簿の附属書類（第1項の図面を除き，電磁的記録にあっては，記録された情報の内容を法務省令で定める方法により表示したもの。次項において同じ。）の全部又は一部（その正当な理由があると認められる部分に限る。）の閲覧を請求することができる。

4　前項の規定にかかわらず，登記を申請した者は，登記官に対し，法務省令で定めるところにより，手数料を納付して，自己を申請人とする登記記録に係る登記簿の附属書類の閲覧を請求することができる。

5　第119条第3項から第5項までの規定は，登記簿の附属書類について準用する。

（法務省令への委任）

第122条〈一部改正〉

この法律に定めるもののほか，登記簿，地図，建物所在図及び地図に準ずる図面並びに登記簿の附属書類（第154条及び第155条において「登記簿等」という。）の公開に関し必要な事項は，法務省令で定める。

（筆界特定の申請）

第131条〈一部改正〉

1　土地の所有権登記名義人等は，筆界特定登記官に対し，当該土地とこれに隣接する他の土地との筆界について，筆界特定の申請をすることができる。

2　地方公共団体は，その区域内の対象土地の所有権登記名義人等のうちいずれかの者の同意を得たときは，筆界特定登記官に対し，当該対象土地の筆界（第14条第1項の地図に表示されないものに限る。）について，筆界特定の申請をすることができる。

3　筆界特定の申請は，次に掲げる事項を明らかにしてしなければならない。

(1)申請の趣旨

(2)筆界特定の申請人の氏名又は名称及び住所

(3)対象土地に係る第三十四条第一項第一号及び第二号に掲げる事項（表題登記がない土地にあっては，同項第一号に掲げる事項）

(4)対象土地について筆界特定を必要とする理由

(5)前各号に掲げるもののほか，法務省令で定める事項

4　筆界特定の申請人は，政令で定めるところにより，手数料を納付しなければ

ならない。
5　第18条の規定は，筆界特定の申請について準用する。この場合において，同条中「不動産を識別するために必要な事項，申請人の氏名又は名称，登記の目的その他の登記の申請に必要な事項として政令で定める情報（以下「申請情報」という。）」とあるのは「第131条第3項各号に掲げる事項に係る情報（第2号，第132条第1項第4号及び第150条において「筆界特定申請情報」という。）」と，「登記所」とあるのは「法務局又は地方法務局」と，同条第2号中「申請情報」とあるのは「筆界特定申請情報」と読み替えるものとする。

（筆界特定書等の写しの交付等）
第149条〈一部改正〉
1　何人も，登記官に対し，手数料を納付して，筆界特定手続記録のうち筆界特定書又は政令で定める図面の全部又は一部（以下この条及び第154条において「筆界特定書等」という。）の写し（筆界特定書等が電磁的記録をもって作成されているときは，当該記録された情報の内容を証明した書面）の交付を請求することができる。
2　何人も，登記官に対し，手数料を納付して，筆界特定手続記録（電磁的記録にあっては，記録された情報の内容を法務省令で定める方法により表示したもの）の閲覧を請求することができる。ただし，筆界特定書等以外のものについては，請求人が利害関係を有する部分に限る。
3　第119条第3項及び第4項の規定は，前2項の手数料について準用する。

（情報の提供の求め）
第151条〈全面改定〉
登記官は，職権による登記をし，又は第14条第1項の地図を作成するために必要な限度で，関係地方公共団体の長その他の者に対し，その対象となる不動産の所有者等（所有権が帰属し，又は帰属していた自然人又は法人（法人でない社団又は財団を含む。）をいう。）に関する情報の提供を求めることができる。

（過料）
第164条〈一部改正〉
1　第36条，第37条第1項若しくは第2項，第42条，第47条第1項（第49条第2項において準用する場合を含む。），第49条第1項，第3項若しくは第4項，第51条第1項から第4項まで，第57条，第58条第6項若しくは第7項，第76条の2第1項若しくは第2項又は第76条の3第4項の規定による申請をすべき義務がある者が正当な理由がないのにその申請を怠ったときは，10万円以下の過料に処する。
2　第76条の5の規定による申請をすべき義務がある者が正当な理由がないのにその申請を怠ったときは，5万円以下の過料に処する。

7　相続等により取得した土地所有権の国庫への帰属に関する法律（2021 年新設　主なもの）

第 1 条（目的）
　この法律は，社会経済情勢の変化に伴い所有者不明土地（相当な努力を払ってもなおその所有者の全部又は一部を確知することができない土地をいう。）が増加していることに鑑み，相続又は遺贈（相続人に対する遺贈に限る。）（以下「相続等」という。）により土地の所有権又は共有持分を取得した者等がその土地の所有権を国庫に帰属させることができる制度を創設し，もって所有者不明土地の発生の抑制を図ることを目的とする。

第 2 条（承認申請）
1　土地の所有者（相続等によりその土地の所有権の全部又は一部を取得した者に限る。）は，法務大臣に対し，その土地の所有権を国庫に帰属させることについての承認を申請することができる。
2　土地が数人の共有に属する場合には，前項の規定による承認の申請（以下「承認申請」という。）は，共有者の全員が共同して行うときに限り，することができる。この場合においては，同項の規定にかかわらず，その有する共有持分の全部を相続等以外の原因により取得した共有者であっても，相続等により共有持分の全部又は一部を取得した共有者と共同して，承認申請をすることができる。
3　承認申請は，その土地が次の各号のいずれかに該当するものであるときは，することができない。
(1)建物の存する土地
(2)担保権又は使用及び収益を目的とする権利が設定されている土地
(3)通路その他の他人による使用が予定される土地として政令で定めるものが含まれる土地
(4)土壌汚染対策法（平成 14 年法律第 53 号）第 2 条第 1 項に規定する特定有害物質（法務省令で定める基準を超えるものに限る。）により汚染されている土地
(5)境界が明らかでない土地その他の所有権の存否，帰属又は範囲について争いがある土地

第 3 条（承認申請書等）
1　承認申請をする者（以下「承認申請者」という。）は，法務省令で定めるところにより，次に掲げる事項を記載した承認申請書を法務大臣に提出しなければならない。
(1)承認申請者の氏名又は名称及び住所
(2)承認申請に係る土地の所在，地番，地目及び地積
2　承認申請者は，物価の状況，承認申請に対する審査に要する実費その他一切の事情を考慮して政令で定める額の手数料を納めなければならない。

第 4 条（承認申請の却下）
1　法務大臣は，次に掲げる場合には，承認申請を却下しなければならない。
(1)承認申請が申請の権限を有しない者の申請によるとき。

(2)承認申請が第2条第3項又は前条の規定に違反するとき。
(3)承認申請者が，正当な理由がないのに，第6条の規定による調査に応じないとき。
2　法務大臣は，前項の規定により承認申請を却下したときは，遅滞なく，法務省令で定めるところにより，その旨を承認申請者に通知しなければならない。

第5条（承認）
1　法務大臣は，承認申請に係る土地が次の各号のいずれにも該当しないと認めるときは，その土地の所有権の国庫への帰属についての承認をしなければならない。
(1)崖（勾配，高さその他の事項について政令で定める基準に該当するものに限る。）がある土地のうち，その通常の管理に当たり過分の費用又は労力を要するもの
(2)土地の通常の管理又は処分を阻害する工作物，車両又は樹木その他の有体物が地上に存する土地
(3)除去しなければ土地の通常の管理又は処分をすることができない有体物が地下に存する土地
(4)隣接する土地の所有者その他の者との争訟によらなければ通常の管理又は処分をすることができない土地として政令で定めるもの
(5)前各号に掲げる土地のほか，通常の管理又は処分をするに当たり過分の費用又は労力を要する土地として政令で定めるもの
2　前項の承認は，土地の一筆ごとに行うものとする。

第6条（事実の調査）
1　法務大臣は，承認申請に係る審査のため必要があると認めるときは，その職員に事実の調査をさせることができる。
2　前項の規定により事実の調査をする職員は，承認申請に係る土地又はその周辺の地域に所在する土地の実地調査をすること，承認申請者その他の関係者からその知っている事実を聴取し又は資料の提出を求めることその他承認申請に係る審査のために必要な調査をすることができる。
3　法務大臣は，その職員が前項の規定により承認申請に係る土地又はその周辺の地域に所在する土地の実地調査をする場合において，必要があると認めるときは，その必要の限度において，その職員に，他人の土地に立ち入らせることができる。
4　法務大臣は，前項の規定によりその職員を他人の土地に立ち入らせるときは，あらかじめ，その旨並びにその日時及び場所を当該土地の占有者に通知しなければならない。
5　第3項の規定により宅地又は垣，柵等で囲まれた他人の占有する土地に立ち入ろうとする職員は，その立ち入りの際，その旨を当該土地の占有者に告げなければならない。
6　日出前及び日没後においては，土地の占有者の承諾があった場合を除き，前項に規定する土地に立ち入ってはならない。
7　第3項の規定による立入りをする場合には，職員は，その身分を示す証明書を携帯し，関係者の請求があったときは，これを提示しなければならない。

8　国は，第3項の規定による立入りによって損失を受けた者があるときは，その損失を受けた者に対して，通常生ずべき損失を補償しなければならない。

第7条（資料の提供要求等）

法務大臣は，前条第1項の事実の調査のため必要があると認めるときは，関係行政機関の長，関係地方公共団体の長，関係のある公私の団体その他の関係者に対し，資料の提供，説明，事実の調査の援助その他必要な協力を求めることができる。

第8条（承認に関する意見聴取）

法務大臣は，第5条第1項の承認をするときは，あらかじめ，当該承認に係る土地の管理について，財務大臣及び農林水産大臣の意見を聴くものする。ただし，承認申請に係る土地が主に農用地（農地法（昭和27年法律第229号）第2条第1項に規定する農地又は採草放牧地をいう。以下同じ。）又は森林（森林法（昭和26年法律第249号）第2条第1項に規定する森林をいう。以下同じ。）として利用されている土地ではないと明らかに認められるときは，この限りでない。

第9条（承認の通知等）

法務大臣は，第5条第1項の承認をし，又はしないこととしたときは，法務省令で定めるところにより，その旨を承認申請者に通知しなければならない。

第10条（負担金の納付）

1　承認申請者は，第5条第1項の承認があったときは，同項の承認に係る土地につき，国有地の種目ごとにその管理に要する10年分の標準的な費用の額を考慮して政令で定めるところにより算定した額の金銭（以下「負担金」という。）を納付しなければならない。

2　法務大臣は，第5条第1項の承認をしたときは，前条の規定による承認の通知の際，併せて負担金の額を通知しなければならない。

3　承認申請者が前項に規定する負担金の額の通知を受けた日から30日以内に，法務省令で定める手続に従い，負担金を納付しないときは，第5条第1項の承認は，その効力を失う。

第11条（国庫帰属の時期）

1　承認申請者が負担金を納付したときは，その納付の時において，第5条第1項の承認に係る土地の所有権が国庫に帰属する。

2　法務大臣は，第5条第1項の承認に係る土地の所有権が前項の規定により国庫に帰属したときは，直ちに，その旨を財務大臣（当該土地が主に農用地又は森林として利用されていると認められるときは農林水産大臣）に通知しなければならない。

第12条（土地の管理の機関）

1　前条第1項の規定により国庫に帰属した土地（以下「国庫帰属地」という。）のうち，主に農用地又は森林として利用されている土地（国有財産法（昭和23年法律第73号）第4条第2項の所管換がされたもの又は他の法令の規定により農林水産大臣が管理することとされているものを除く。）は，農林水産大臣が管理し，又は処分する。

2　前項の規定により農林水産大臣が管理する土地のうち主に農用地として利用されているものの管理及び処分については，農地法第45条，第46条第1項，第47条及び第49条の規定を準用する。この場合において，同条第1項中「農林水産大臣，都道府県知事又は指定市町村の長」とあるのは「農林水産大臣」と，「この法律による買収その他の処分」とあるのは「相続等により取得した土地所有権の国庫への帰属に関する法律第12条第2項において準用する第46条第1項の規定による売払い又は同法第12条第2項において準用する第47条の規定による売払い，所管換若しくは所属替」と，同条第3項中「農林水産大臣，都道府県知事又は指定市町村の長」とあるのは「農林水産大臣」と，同条第5項中「国又は都道府県等」とあるのは「国」と，「場合には，政令で定めるところにより」とあるのは「場合には」と読み替えるものとする。

3　前項において準用する農地法第46条第1項又は第47条の規定による農用地の売払いを原因とする所有権の移転については，同法第3条第1項本文の規定は，適用しない。

4　第1項の規定により農林水産大臣が管理する土地のうち主に森林として利用されているものの管理及び処分については，国有林野の管理経営に関する法律（昭和26年法律第246号）第2章（第7条を除く。）の規定を準用する。

第13条（承認の取消し等）

1　法務大臣は，承認申請者が偽りその他不正の手段により第5条第1項の承認を受けたことが判明したときは，同項の承認を取り消すことができる。

2　法務大臣は，国庫帰属地について前項の規定による承認の取消しをするときは，あらかじめ，当該国庫帰属地を所管する各省各庁の長（当該土地が交換，売払い又は譲与（以下この項及び次項において「交換等」という。）により国有財産（国有財産法第2条第1項に規定する国有財産をいう。次項において同じ。）でなくなっているときは，当該交換等の処分をした各省各庁の長）の意見を聴くものとする。

3　法務大臣は，第1項の規定による承認の取り消しをしようとする場合において，当該取消に係る国庫帰属地（交換等により国有財産でなくなっている土地を含む。以下この項において同じ。）の所有権を取得した者又は当該国庫帰属地につき所有権以外の権利の設定を受けた者があるときは，これらの者の同意を得なければならない。

4　法務大臣は，第1項の規定により第5条第1項の承認を取り消したときは，法務省令で定めるところにより，その旨を同項の承認を受けた者に通知するものとする。

第14条（損害賠償責任）

第5条第1項の承認に係る土地について当該承認の時において第2条第3項各号又は第5条第1項各号のいずれかに該当する事由があったことによって国に損害が生じた場合において，当該承認を受けた者が当該事由を知りながら告げずに同項の承認を受けた者であるときは，その者は，国に対してその損害を賠償する責任を負うものとする。

第 15 条（権限の委任）
1　この法律に規定する法務大臣の権限は，法務省令で定めるところにより，その一部を法務局又は地方法務局の長に委任することができる。
2　この法律に規定する農林水産大臣の権限は，農林水産省令で定めるところにより，その全部又は一部を地方農政局長又は森林管理局長に委任することができる。
3　前項の規定により森林管理局長に委任された権限は，農林水産省令で定めるところにより，森林管理署長に委任することができる。

第 16 条（政令への委任）
この法律に定めるもののほか，この法律の実施のために必要な手続その他の事項については，政令で定める。

第 17 条
1　第 12 条第 2 項において読み替えて準用する農地法第 49 条第 1 項の規定による職員の調査，測量，除去又は移転を拒み，妨げ，又は忌避したときは，その違法行為をした者は，6 月以下の懲役又は 30 万円以下の罰金に処する。
2　法人の代表者又は法人若しくは人の代理人，使用人その他の従業者が，その法人又は人の業務又は財産に関して前項の違反行為をしたときは，行為者を罰するほか，その法人又は人に対して同項の罰金刑を科する。

8 所有者不明土地の利用の円滑化等に関する特別措置法（2018年新設・2021年改正 主なもの）

＊ 2021年改正部分のみアンダーラインで表示

第1条（目的）

この法律は，社会経済情勢の変化に伴い所有者不明土地が増加していることに鑑み，所有者不明土地の利用の円滑化及び土地の所有者の効果的な探索を図るため，国土交通大臣及び法務大臣による基本方針の策定について定めるとともに，地域福利増進事業の実施のための措置，所有者不明土地の収用又は使用に関する土地収用法（昭和26年法律第219号）の特例，土地の所有者等に関する情報の利用及び提供その他の特別の措置を講じ，もって国土の適正かつ合理的な利用に寄与することを目的とする。

第2条（定義）

1 この法律において「所有者不明土地」とは，相当な努力が払われたと認められるものとして政令で定める方法により探索を行ってもなおその所有者の全部又は一部を確知することができない一筆の土地をいう。

2 この法律において「特定所有者不明土地」とは，所有者不明土地のうち，現に建築物（物置その他の政令で定める簡易な構造の建築物で政令で定める規模未満のもの（以下「簡易建築物」という。）を除く。）が存せず，かつ，業務の用その他の特別の用途に供されていない土地をいう。

3 この法律において「地域福利増進事業」とは，次に掲げる事業であって，地域住民その他の者の共同の福祉又は利便の増進を図るために行われるものをいう。

(1)道路法（昭和27年法律第180号）による道路，駐車場法（昭和32年法律第106号）による路外駐車場その他一般交通の用に供する施設の整備に関する事業

(2)学校教育法（昭和22年法律第26号）による学校又はこれに準ずるその他の教育のための施設の整備に関する事業

(3)社会教育法（昭和24年法律第207号）による公民館（同法第42条に規定する公民館に類似する施設を含む。）又は図書館法（昭和25年法律第108号）による図書館（同法第29条に規定する図書館と同種の施設を含む。）の整備に関する事業

(4)社会福祉法（昭和26年法律第45号）による社会福祉事業の用に供する施設の整備に関する事業

(5)病院，療養所，診療所又は助産所の整備に関する事業

(6)公園，緑地，広場又は運動場の整備に関する事業

(7)住宅（被災者の居住の用に供するものに限る。）の整備に関する事業であって，災害（発生した日から起算して3年を経過していないものに限る。次号イにおいて同じ。）に際し災害救助法（昭和22年法律第118号）が適用された同法第2条に規定する市町村の区域内において行われるもの

(8)購買施設，教養文化施設その他の施設で地域住民その他の者の共同の福祉又は利便の増進に資するものとして政令で定めるものの整備に関する事業であって，

次に掲げる区域内において行われるもの
イ　災害に際し災害救助法が適用された同法第2条に規定する市町村の区域
ロ　その周辺の地域において当該施設と同種の施設が著しく不足している区域
⑼前各号に掲げる事業のほか，土地収用法第3条各号に掲げるもののうち地域住民その他の者の共同の福祉又は利便の増進に資するものとして政令で定めるものの整備に関する事業
⑽前各号に掲げる事業のために欠くことができない通路，材料置場その他の施設の整備に関する事業
4　この法律において「特定登記未了土地」とは，所有権の登記名義人の死亡後に相続登記等（相続による所有権の移転の登記その他の所有権の登記をいう。以下同じ。）がされていない土地であって，土地収用法第3条各号に掲げるものに関する事業（第27条第1項及び第39条第1項において「収用適格事業」という。）を実施しようとする区域の適切な選定その他の公共の利益となる事業の円滑な遂行を図るため当該土地の所有権の登記名義人となり得る者を探索する必要があるものをいう。

第10条（裁定申請）
1　地域福利増進事業を実施する者（以下「事業者」という。）は，当該事業を実施する区域（以下「事業区域」という。）内にある特定所有者不明土地を使用しようとするときは，当該特定所有者不明土地の所在地を管轄する都道府県知事に対し，次に掲げる権利（以下「土地使用権等」という。）の取得についての裁定を申請することができる。
⑴当該特定所有者不明土地の使用権（以下「土地使用権」という。）
⑵当該特定所有者不明土地にある所有者不明物件（相当な努力が払われたと認められるものとして政令で定める方法により探索を行ってもなおその所有者の全部又は一部を確知することができない物件をいう。第3項第2号において同じ。）の所有権（次項第7号において「物件所有権」という。）又はその使用権（同項第8号において「物件使用権」という。）
2　前項の規定による裁定の申請（以下この款において「裁定申請」という。）をしようとする事業者は，国土交通省令で定めるところにより，次に掲げる事項を記載した裁定申請書を都道府県知事に提出しなければならない。
（同項第1号から第8号まで及び第3項以下は省略）

第11条（公告及び縦覧）
1　都道府県知事は，裁定申請があったときは，当該裁定申請に係る事業が次の各号に掲げる要件のいずれにも該当するかどうかを確認しなければならない。
⑴事業が地域福利増進事業に該当し，かつ，土地の適正かつ合理的な利用に寄与するものであること。
⑵土地使用権の目的となる土地が特定所有者不明土地に該当するものであること。
⑶土地等使用権の存続期間が事業の実施のために必要な期間を超えないものであること。

⑷事業により整備される施設の利用条件がその公平かつ適正な利用を図る観点から適切なものであること。
（以下，第5号から8号まで及び第2項以下省略）

第13条（裁定）
1　都道府県知事は，前条第1項又は第2項の規定により裁定申請を却下する場合を除き，裁定申請をした事業者が土地使用権等を取得することが当該裁定申請に係る事業を実施するため必要かつ適当であると認めるときは，その必要の限度において，土地使用権等の取得についての裁定をしなければならない。
2　前項の裁定（以下この条から第18条までにおいて単に「裁定」という。）においては，次に掲げる事項を定めなければならない。
⑴特定所有者不明土地の所在，地番，地目及び面積
⑵土地使用権等の始期
⑶土地等使用権の存続期間
⑷土地使用権等を取得することにより特定所有者不明土地所有者等が受ける損失の補償金の額
3　裁定は，前項第1号に掲げる事項については裁定申請の範囲を超えてはならず，同項第3号の存続期間については裁定申請の範囲内かつ10年を限度としなければならず，同項第4号の補償金の額については裁定申請に係る補償金の見積額を下限としなければならない。
4　都道府県知事は，裁定をしようとするときは，第2項第4号に掲げる事項について，あらかじめ，収用委員会の意見を聴かなければならない。
5　収用委員会は，前項の規定により意見を述べるため必要があると認めるときは，その委員又はその事務を整理する職員に，裁定申請に係る特定所有者不明土地又は当該特定所有者不明土地にある簡易建築物その他の工作物に立ち入り，その状況を調査させることができる。
6　前項の規定により立入調査をする委員又は職員は，その身分を示す証明書を携帯し，関係者の請求があったときは，これを提示しなければならない。
7　第5項の規定による立入調査の権限は，犯罪捜査のために認められたものと解してはならない。

第14条（裁定の通知等）
都道府県知事は，裁定をしたときは，遅滞なく，国土交通省令で定めるところにより，その旨及び前条第2項各号に掲げる事項を，裁定申請をした事業者及び当該事業に係る特定所有者不明土地所有者等で知れているものに文書で通知するとともに，公告しなければならない。

第15条（裁定の効果）
裁定について前条の規定による公告があったときは，当該裁定の定めるところにより，裁定申請をした事業者は，土地使用権等を取得し，特定所有者不明土地等に関するその他の権利は，当該事業者による当該特定所有者不明土地等の使用のため必要な限度においてその行使を制限される。

第19条（土地等使用権の存続期間の延長）
1　第15条の規定により土地使用権等を取得した事業者（以下「使用権者」という。）は，第13条第1項の裁定において定められた土地等使用権の存続期間（第4項において準用する第15条の規定により土地等使用権の存続期間が延長された場合にあっては，当該延長後の存続期間。第3項及び第24条において同じ。）を延長して使用権設定土地（第15条の規定により取得された土地使用権の目的となっている土地をいう。以下同じ。）の全部又は一部を使用しようとするときは，当該存続期間の満了の日の9月前から6月前までの間に，当該使用権設定土地の所在地を管轄する都道府県知事に対し，土地等使用権の存続期間の延長についての裁定を申請することができる。
（第2項以下は省略）

第24条（原状回復の義務）
使用権者は，土地等使用権の存続期間が満了したとき又は前条第1項の規定により裁定が取り消されたときは，使用権設定土地を原状に回復し，これを返還しなければならない。ただし，当該使用権設定土地を原状に回復しないことについてその確知所有者の全ての同意が得られたときは，この限りでない。

第27条（裁定申請）
1　起業者（土地収用法第8条第1項に規定する起業者をいう。以下同じ。）は，同法第20条の事業の認定を受けた収用適格事業について，その起業地（同法第17条第1項第2号に規定する起業地をいう。）内にある特定所有者不明土地を収用し，又は使用しようとするときは，同法第26条第1項の規定による告示があった日（同法第31条の規定により収用又は使用の手続が保留されていた特定所有者不明土地にあっては，同法第34条の3の規定による告示があった日）から1年以内に，当該特定所有者不明土地の所在地を管轄する都道府県知事に対し，特定所有者不明土地の収用又は使用についての裁定を申請することができる。
（第2項以下は省略）

第28条（公告及び縦覧）
1　都道府県知事は，裁定申請があった場合においては，起業者が収用し，又は使用しようとする土地が特定所有者不明土地に該当しないと認めるときその他当該裁定申請が相当でないと認めるときを除き，国土交通省令で定めるところにより，次に掲げる事項を公告し，前条第2項の裁定申請書及びこれに添付された同条第3項各号に掲げる書類を当該公告の日から2週間公衆の縦覧に供しなければならない。
⑴裁定申請があった旨
⑵特定所有者不明土地の所在，地番及び地目
（同項第3号及び第2項は省略）

第34条（裁定の効果）
裁定について前条の規定による公告があったときは，当該裁定に係る特定所有者不明土地について土地収用法第48条第1項の権利取得裁決及び同法第49条第1

項の明渡裁決があったものとみなして，同法第7章の規定を適用する。

第38条〈2021年一部改正〉

1　国の行政機関の長又は地方公共団体の長（次項及び次条第5項において「国の行政機関の長等」という。）は，所有者不明土地につき，その適切な管理のため特に必要があると認めるときは，家庭裁判所に対し，民法（明治29年法律第89号）第25条第1項の規定による命令又は同法第952条第1項の規定による相続財産の清算人の選任の請求をすることができる。

2　国の行政機関の長等は，所有者不明土地につき，その適切な管理のために特に必要があると認めるときは，地方裁判所に対し，民法264条の2第1項の規定による命令の請求をすることができる。

第39条

1　都道府県知事及び市町村長は，地域福利増進事業，収用適格事業又は都市計画事業（以下「地域福利増進事業等」という。）の実施の準備のため当該地域福利増進事業等を実施しようとする区域内の土地の土地所有者等（土地又は当該土地にある物件に関し所有権その他の権利を有する者をいう。以下同じ。）を知る必要があるときは，当該土地所有者等の探索に必要な限度で，その保有する土地所有者等関連情報（土地所有者等と思料される者に関する情報のうちその者の氏名又は名称，住所その他国土交通省令で定めるものをいう。以下この条において同じ。）を，その保有に当たって特定された利用の目的以外の目的のために内部で利用することができる。

2　都道府県知事及び市町村長は，地域福利増進事業等を実施しようとする者からその準備のため当該地域福利増進事業等を実施しようとする区域内の土地の土地所有者等を知る必要があるとして土地所有者等関連情報の提供の求めがあったときは，当該土地所有者等の探索に必要な限度で，当該地域福利増進事業等を実施しようとする者に対し，土地所有者等関連情報を提供するものとする。

3　前項の場合において，都道府県知事及び市町村長は，国及び地方公共団体以外の者に対し土地所有者等関連情報を提供しようとするときは，あらかじめ，当該土地所有者等関連情報を提供することについて本人（当該土地所有者等関連情報によって識別される特定の個人をいう。）の同意を得なければならない。ただし，当該都道府県又は市町村の条例に特別の定めがあるときは，この限りでない。

4　前項の同意は，その所在が判明している者に対して求めれば足りる。

5　国の行政機関の長等は，地域福利増進事業等の実施の準備のため当該地域福利増進事業等を実施しようとする区域内の土地の土地所有者等を知る必要があるときは，当該土地所有者等の探索に必要な限度で，当該土地に工作物を設置している者その他の者に対し，土地所有者等関連情報の提供を求めることができる。

第40条

1　登記官は，起業者その他の公共の利益となる事業を実施しようとする者からの求めに応じ，当該事業を実施しようとする区域内の土地につきその所有権の登記名義人に係る死亡の事実の有無を調査した場合において，当該土地が特定登記未了土地に該当し，かつ，当該土地につきその所有権の登記名義人の死亡後10年以上30年以内において政令で定める期間を超えて相続登記等がされていないと認めるときは，当該土地の所有権の登記名義人となり得る者を探索した上，職権で，所有権の登記名義人の死亡後長期間にわたり相続登記等がされていない土地である旨その他当該探索の結果を確認するために必要な事項として法務省令で定めるものをその所有権の登記に付記することができる。
2　登記官は，前項の規定による探索により当該土地の所有権の登記名義人となり得る者を知ったときは，その者に対し，当該土地についての相続登記等の申請を勧告することができる。この場合において，登記官は，相当でないと認めるときを除き，相続登記等を申請するために必要な情報を併せて通知するものとする。
（第3項，第4項は省略）

9　表題部所有者不明土地の登記及び管理の適正化に関する法律（2019 年新設・2021 年改正　主なもの）

＊　2021 年改正部分のみアンダーラインで表示

第 1 条（目的）
この法律は，表題部所有者不明土地の登記及び管理の適正化を図るため，登記官による表題部所有者不明土地の所有者等の探索及び当該探索の結果に基づく表題部所有者の登記並びに所有者等特定不能土地及び特定社団等帰属土地の管理に関する措置を講ずることにより，表題部所有者不明土地に係る権利関係の明確化及びその適正な利用を促進し，もって国民経済の健全な発展及び国民生活の向上に寄与することを目的とする。

第 2 条（定義）
1　この法律において「表題部所有者不明土地」とは，所有権（その共有持分を含む。次項において同じ。）の登記がない一筆の土地のうち，表題部に所有者の氏名又は名称及び住所の全部又は一部が登記されていないもの（国，地方公共団体その他法務省令で定める者が所有していることが登記記録上明らかであるものを除く。）をいう。
2　この法律において「所有者等」とは，所有権が帰属し，又は帰属していた自然人又は法人（法人でない社団又は財団（以下「法人でない社団等」という。）を含む。）をいう。
3　この法律において「所有者等特定不能土地」とは，第 15 条第 1 項第 4 号イに定める登記がある表題部所有者不明土地（表題部所有者不明土地の共有持分について当該登記がされている場合にあっては，その共有持分）をいう。
4　この法律において「特定社団等帰属土地」とは，第 15 条第 1 項第 4 号ロに定める登記がある表題部所有者不明土地（表題部所有者不明土地の共有持分について当該登記がされている場合にあっては，その共有持分）であって，現に法人でない社団等に属するものをいう。
5　この法律において「登記記録」，「表題部」又は「表題部所有者」とは，それぞれ不動産登記法（平成 16 年法律第 123 号）第 2 条第 5 号，第 7 号又は第 10 号に規定する登記記録，表題部又は表題部所有者をいう。

第 3 条（所有者等の探索の開始）
1　登記官は，表題部所有者不明土地（第 15 条第 1 項第 4 号に定める登記があるものを除く。以下この章において同じ。）について，当該表題部所有者不明土地の利用の現況，当該表題部所有者不明土地の周辺の地域の自然的社会的諸条件及び当該地域における他の表題部所有者不明土地の分布状況その他の事情を考慮して，表題部所有者不明土地の登記の適正化を図る必要があると認めるときは，職権で，その所有者等の探索を行うものとする。
2　登記官は，前項の探索を行おうとするときは，あらかじめ，法務省令で定めるところにより，その旨その他法務省令で定める事項を公告しなければならない。

第9条（所有者等探索委員） **1**　法務局及び地方法務局に，第3条第1項の探索のために必要な調査をさせ，登記官に意見を提出させるため，所有者等探索委員若干人を置く。 **2**　所有者等探索委員は，前項の職務を行うのに必要な知識及び経験を有する者のうちから，法務局又は地方法務局の長が任命する。 （第3項以下は省略）
第14条（所有者等の特定） **1**　登記官は，前2節の規定による探索（次節において「所有者等の探索」という。）により得られた情報の内容その他の事情を総合的に考慮して，当該探索に係る表題部所有者不明土地が第1号から第3号までのいずれに該当するかの判断（第1号又は第3号にあっては，表題部所有者として登記すべき者（表題部所有者不明土地の所有者等のうち，表題部所有者として登記することが適当である者をいう。以下同じ。）の氏名又は名称及び住所の特定を含む。）をするとともに，第4号に掲げる場合には，その事由が同号イ又はロのいずれに該当するかの判断をするものとする。この場合において，当該表題部所有者不明土地が数人の共有に属し，かつ，その共有持分の特定をすることができるときは，当該共有持分についても特定をするものとする。 ⑴当該表題部所有者不明土地の表題部所有者として登記すべき者があるとき（当該表題部所有者不明土地が数人の共有に属する場合にあっては，全ての共有持分について表題部所有者として登記すべき者があるとき。）。 ⑵当該表題部所有者不明土地の表題部所有者として登記すべき者がないとき（当該表題部所有者不明土地が数人の共有に属する場合にあっては，全ての共有持分について表題部所有者として登記すべき者がないとき。）。 ⑶当該表題部所有者不明土地が数人の共有に属する場合において，表題部所有者として登記すべき者がない共有持分があるとき（前号に掲げる場合を除く。）。 ⑷前2号のいずれかに該当する場合において，その事由が次のいずれかに該当するとき。 イ　当該表題部所有者不明土地（当該表題部所有者不明土地が数人の共有に属する場合にあっては，その共有持分。ロにおいて同じ。）の所有者等を特定することができなかったこと。 ロ　当該表題部所有者不明土地の所有者等を特定することができた場合であって，当該表題部所有者不明土地が法人でない社団等に属するとき又は法人でない社団等に属していたとき（当該法人でない社団等以外の所有者等に属するときを除く。）において，表題部所有者として登記すべき者を特定することができないこと。 **2**　登記官は，前項の判断（同項の特定を含む。以下この章において「所有者等の特定」という。）をしたときは，その理由その他法務省令で定める事項を記載し，又は記録した書面又は電磁的記録（電子的方式，磁気的方式その他人の知覚によっては認識することができない方式で作られる記録をいう。）を作成しなければならない。

第15条（表題部所有者の登記）
1　登記官は，所有者等の特定をしたときは，当該所有者等の特定に係る表題部所有者不明土地につき，職権で，遅滞なく，表題部所有者の登記を抹消しなければならない。この場合において，登記官は，不動産登記法第27条第3号の規定にかかわらず，当該表題部所有者不明土地の表題部に，次の各号に掲げる所有者等の特定の区分に応じ，当該各号に定める事項を登記するものとする。
(1)前条第1項第1号に掲げる場合　当該表題部所有者不明土地の表題部所有者として登記すべき者の氏名又は名称及び住所（同項後段の特定をした場合にあっては，その共有持分を含む。）
(2)前条第1項第2号に掲げる場合　その旨（同項後段の特定をした場合にあっては，その共有持分を含む。）
(3)前条第1項第3号に掲げる場合　当該表題部所有者不明土地の表題部所有者として登記すべき者がある共有持分についてはその者の氏名又は名称及び住所（同項後段の特定をした場合にあっては，その共有持分を含む。），表題部所有者として登記すべき者がない共有持分についてはその旨（同項後段の特定をした場合にあっては，その共有持分を含む。）
(4)前条第1項第4号に掲げる場合　次のイ又はロに掲げる同号の事由の区分に応じ，当該イ又はロに定める事項
イ　前条第1項第4号イに掲げる場合　その旨
ロ　前条第1項第4号ロに掲げる場合　その旨
2　登記官は，前項の規定による登記をしようとするときは，あらかじめ，法務省令で定めるところにより，その旨その他法務省令で定める事項を公告しなければならない。

第19条（特定不能土地等管理命令）
1　裁判所は，所有者等特定不能土地について，必要があると認めるときは，利害関係人の申立てにより，その申立てに係る所有者等特定不能土地を対象として，特定不能土地等管理者（次条第1項に規定する特定不能土地等管理者をいう。第5項において同じ。）による管理を命ずる処分（以下「特定不能土地等管理命令」という。）をすることができる。
2　前項の申立てを却下する裁判には，理由を付さなければならない。
3　裁判所は，特定不能土地等管理命令を変更し，又は取り消すことができる。
4　特定不能土地等管理命令及び前項の規定による決定に対しては，利害関係人に限り，即時抗告をすることができる。
5　特定不能土地等管理命令は，特定不能土地等管理命令が発令された後に当該特定不能土地等管理命令が取り消された場合において，所有者等特定不能土地の管理，処分その他の事由により特定不能土地等管理者が得た財産について，必要があると認めるときも，することができる。

第20条（特定不能土地等管理者の選任等）
1　裁判所は，特定不能土地等管理命令をする場合には，当該特定不能土地等管

理命令において，特定不能土地等管理者を選任しなければならない。
2　前項の規定による特定不能土地等管理者の選任の裁判に対しては，不服を申し立てることができない。
3　特定不能土地等管理命令があった場合には，裁判所書記官は，職権で，遅滞なく，特定不能土地等管理命令の対象とされた所有者等特定不能土地について，特定不能土地等管理命令の登記を嘱託しなければならない。
4　特定不能土地等管理命令を取り消す裁判があったときは，裁判所書記官は，職権で，遅滞なく，特定不能土地等管理命令の登記の抹消を嘱託しなければならない。

第21条（特定不能土地等管理者の権限）
1　前条第1項の規定により特定不能土地等管理者が選任された場合には，特定不能土地等管理命令の対象とされた所有者等特定不能土地及びその管理，処分その他の事由により特定不能土地等管理者が得た財産（以下「所有者等特定不能土地等」という。）の管理及び処分をする権利は，特定不能土地等管理者に専属する。
2　特定不能土地等管理者が次に掲げる行為の範囲を超える行為をするには，裁判所の許可を得なければならない。
⑴保存行為
⑵所有者等特定不能土地等の性質を変えない範囲内において，その利用又は改良を目的とする行為
3　前項の規定に違反して行った特定不能土地等管理者の行為は，無効とする。ただし，特定不能土地等管理者は，これをもって善意の第三者に対抗することができない。
4　特定不能土地等管理者は，第2項の許可の申立てをする場合には，その許可を求める理由を疎明しなければならない。
5　第2項の許可の申立てを却下する裁判には，理由を付さなければならない。
6　第2項の規定による許可の裁判に対しては，不服を申し立てることができない。

第23条（特定不能土地等管理命令が発せられた場合の所有者等特定不能土地等に関する訴えの取扱い）
1　特定不能土地等管理命令が発せられた場合には，所有者等特定不能土地等に関する訴えについては，特定不能土地等管理者を原告又は被告とする。
2　特定不能土地等管理命令が発せられた場合には，当該特定不能土地等管理命令の対象とされた所有者等特定不能土地等に関する訴訟手続で当該所有者等特定不能土地等の所有者（所有権（その共有持分を含む。）が帰属する自然人又は法人（法人でない社団等を含む。）をいう。以下この章において同じ。）を当事者とするものは，中断する。
3　前項の規定により中断した訴訟手続は，特定不能土地等管理者においてこれを受け継ぐことができる。この場合においては，受継の申立ては，相手方もすることができる。
4　特定不能土地等管理命令が取り消されたときは，特定不能土地等管理者を当

事者とする所有者等特定不能土地等に関する訴訟手続は，中断する。
5　所有者等特定不能土地等の所有者は，前項の規定により中断した訴訟手続を受け継がなければならない。この場合においては，受継の申立ては，相手方もすることができる。

第24条（特定不能土地等管理者の義務）
1　特定不能土地等管理者は，特定不能土地等管理命令の対象とされた所有者等特定不能土地等の所有者のために，善良な管理者の注意をもって，第21条第1項の権限を行使しなければならない。
2　特定不能土地等管理者は，特定不能土地等管理命令の対象とされた所有者等特定不能土地等の所有者のために，誠実かつ公平に第21条第1項の権限を行使しなければならない。

第25条（特定不能土地等管理者の辞任）
1　特定不能土地等管理者は，正当な事由があるときは，裁判所の許可を得て，辞任することができる。
2　特定不能土地等管理者は，前項の許可の申立てをする場合には，その原因となる事実を疎明しなければならない。
3　第1項の許可の申立てを却下する裁判には，理由を付さなければならない。
4　第1項の規定による辞任の許可の裁判に対しては，不服を申し立てることができない。

第26条（特定不能土地等管理者の解任）
1　特定不能土地等管理者がその任務に違反して特定不能土地等管理命令の対象とされた所有者等特定不能土地等に著しい損害を与えたことその他重要な事由があるときは，裁判所は，利害関係人の申立てにより，特定不能土地等管理者を解任することができる。
2　裁判所は，前項の規定により特定不能土地等管理者を解任する場合には，特定不能土地等管理者の陳述を聴かなければならない。
3　第1項の申立てについての裁判には，理由を付さなければならない。
4　第1項の規定による解任の裁判に対しては，利害関係人に限り，即時抗告をすることができる。

第28条（供託等）
1　特定不能土地等管理者は，特定不能土地等管理命令の対象とされた所有者等特定不能土地等の管理，処分その他の事由により金銭が生じたときは，その所有者のために，当該金銭を当該所有者等特定不能土地の所在地の供託所に供託することができる。
2　特定不能土地等管理者は，前項の規定による供託をしたときは，法務省令で定めるところにより，その旨その他法務省令で定める事項を公告しなければならない。

第29条（特定不能土地等管理命令の取消し）

1　裁判所は，特定不能土地等管理者が管理すべき財産がなくなったとき（特定不能土地等管理者が管理すべき財産の全部が前条第1項の規定により供託されたときを含む。），その他特定不能土地等管理命令の対象とされた所有者等特定不能土地等の管理を継続することが相当でなくなったときは，特定不能土地等管理者若しくは利害関係人の申立てにより又は職権で，特定不能土地等管理命令を取り消さなければならない。

2　特定不能土地等管理命令の対象とされた所有者等特定不能土地等の所有者が当該所有者等特定不能土地等の所有権（その共有持分を含む。）が自己に帰属することを証明したときは，裁判所は，当該所有者の申立てにより，特定不能土地等管理命令を取り消さなければならない。

3　前項の規定により当該特定不能土地等管理命令が取り消されたときは，特定不能土地等管理者は，当該所有者に対し，その事務の経過及び結果を報告し，当該所有者等特定不能土地等を引き渡さなければならない。

4　第1項又は第2項の規定による決定に対しては，利害関係人に限り，即時抗告をすることができる。

第30条

1　裁判所は，特定社団等帰属土地について，当該特定社団等帰属土地が帰属する法人でない社団等の代表者又は管理人が選任されておらず，かつ，当該法人でない社団等の全ての構成員を特定することができず，又はその所在が明らかでない場合において，必要があると認めるときは，利害関係人の申立てにより，その申立てに係る特定社団等帰属土地を対象として，特定社団等帰属土地等管理者による管理を命ずる処分（次項において「特定社団等帰属土地等管理命令」という。）をすることができる。

2　前章（第19条第1項を除く。）の規定は，特定社団等帰属土地等管理命令について準用する。この場合において，同条第2項中「前項」とあるのは「第30条第1項」と，第21条第1項及び第2項第2号，第22条，第23条（第3項を除く。），第24条，第26条第1項，第27条第1項，第28条第1項並びに前条第1項及び第3項中「所有者等特定不能土地等」とあるのは「特定社団等帰属土地等」と，第23条第2項中「自然人又は法人（法人でない社団等を含む。）」とあるのは「法人でない社団等」と，前条第2項中「所有者等特定不能土地等の所有者」とあるのは「特定社団等帰属土地等の所有者」と，「所有者等特定不能土地等の所有権（その共有持分を含む。）が自己に帰属すること」とあるのは「特定社団等帰属土地等が帰属する法人でない社団等の代表者又は管理人が選任されたこと」と読み替えるものとする。

第31条（非訟事件の管轄）

この法律の規定による非訟事件は，表題部所有者不明土地の所在地を管轄する地方裁判所の管轄に属する。

第32条（適用除外）〈2021年改正〉
1　所有者等特定不能土地及び特定社団等帰属土地（いずれも第15条第1項第4号イ又はロに定める登記をする前に民法（明治29年法律第89号）第264条の2第1項の規定による命令がされたものを除く。）については，同条から同法第264条の7までの規定は，適用しない。
2　この法律の規定による非訟事件については，非訟事件手続法（平成23年法律第51号）第40条及び第57条第2項第2号の規定は，適用しない。

10　法務局における遺言書の保管等に関する法律（2018 年新設　主なもの）

第 1 条（趣旨）
　この法律は，法務局（法務局の支局及び出張所，法務局の支局の出張所並びに地方法務局及びその支局並びにこれらの出張所を含む。次条第 1 項において同じ。）における遺言書（民法（明治 29 年法律第 89 号）第 968 条の自筆証書によってした遺言に係る遺言書をいう。以下同じ。）の保管及び情報の管理に関し必要な事項を定めるとともに，その遺言書の取扱いに関し特別の定めをするものとする。

第 2 条（遺言書保管所）
1　遺言書の保管に関する事務は，法務大臣の指定する法務局が，遺言書保管所としてつかさどる。
2　前項の指定は，告示してしなければならない。

第 3 条（遺言書保管官）
　遺言書保管所における事務は，遺言書保管官（遺言書保管所に勤務する法務事務官のうちから，法務局又は地方法務局の長が指定する者をいう。以下同じ。）が取り扱う。

第 4 条（遺言書の保管の申請）
1　遺言者は，遺言書保管官に対し，遺言書の保管の申請をすることができる。
2　前項の遺言書は，法務省令で定める様式に従って作成した無封のものでなければならない。
3　第 1 項の申請は，遺言者の住所地若しくは本籍地又は遺言者が所有する不動産の所在地を管轄する遺言書保管所（遺言者の作成した他の遺言書が現に遺言書保管所に保管されている場合にあっては，当該他の遺言書が保管されている遺言書保管所）の遺言書保管官に対してしなければならない。
4　第 1 項の申請をしようとする遺言者は，法務省令で定めるところにより，遺言書に添えて，次に掲げる事項を記載した申請書を遺言書保管官に提出しなければならない。
⑴遺言書に記載されている作成の年月日
⑵遺言者の氏名，出生の年月日，住所及び本籍（外国人にあっては，国籍）
⑶遺言書に次に掲げる者の記載があるときは，その氏名又は名称及び住所
　イ　受遺者
　ロ　民法第 1006 条第 1 項の規定により指定された遺言執行者
⑷前 3 号に掲げるもののほか，法務省令で定める事項
5　前項の申請書には，同項第 2 号に掲げる事項を証明する書類その他法務省令で定める書類を添付しなければならない。
6　遺言者が第 1 項の申請をするときは，遺言書保管所に自ら出頭して行わなければならない。

第 5 条（遺言書保管官による本人確認）
遺言書保管官は，前条第 1 項の申請があった場合において，申請人に対し，法務省令で定めるところにより，当該申請人が本人であるかどうかの確認をするため，

当該申請人を特定するために必要な氏名その他の法務省令で定める事項を示す書類の提示若しくは提出又はこれらの事項についての説明を求めるものとする。

第6条（遺言書の保管等）
1　遺言書の保管は，遺言書保管官が遺言書保管所の施設内において行う。
2　遺言者は，その申請に係る遺言書が保管されている遺言書保管所（第4項及び第8条において「特定遺言書保管所」という。）の遺言書保管官に対し，いつでも当該遺言書の閲覧を請求することができる。
3　前項の請求をしようとする遺言者は，法務省令で定めるところにより，その旨を記載した請求書に法務省令で定める書類を添付して，遺言書保管官に提出しなければならない。
4　遺言者が第2項の請求をするときは，特定遺言書保管所に自ら出頭して行わなければならない。この場合においては，前条の規定を準用する。
5　遺言書保管官は，第1項の規定による遺言書の保管をする場合において，遺言者の死亡の日（遺言者の生死が明らかでない場合にあっては，これに相当する日として政令で定める日）から相続に関する紛争を防止する必要があると認められる期間として政令で定める期間が経過した後は，これを廃棄することができる。

第7条（遺言書に係る情報の管理）
1　遺言書保管官は，前条第1項の規定により保管する遺言書について，次項に定めるところにより，当該遺言書に係る情報の管理をしなければならない。
2　遺言書に係る情報の管理は，磁気ディスク（これに準ずる方法により一定の事項を確実に記録することができる物を含む。）をもって調製する遺言書保管ファイルに，次に掲げる事項を記録することによって行う。
⑴遺言書の画像情報
⑵第4条第4項第1号から第3号までに掲げる事項
⑶遺言書の保管を開始した年月日
⑷遺言書が保管されている遺言書保管所の名称及び保管番号
3　前条第5項の規定は，前項の規定による遺言書に係る情報の管理について準用する。この場合において，同条第5項中「廃棄する」とあるのは，「消去する」と読み替えるものとする。

第8条（遺言書の保管の申請の撤回）
1　遺言者は，特定遺言書保管所の遺言書保管官に対し，いつでも，第4条第1項の申請を撤回することができる。
2　前項の撤回をしようとする遺言者は，法務省令で定めるところにより，その旨を記載した撤回書に法務省令で定める書類を添付して，遺言書保管官に提出しなければならない。
3　遺言者が第1項の撤回をするときは，特定遺言書保管所に自ら出頭して行わなければならない。この場合においては，第5条の規定を準用する。
4　遺言書保管官は，遺言者が第1項の撤回をしたときは，遅滞なく，当該遺言者に第6条第1項の規定により保管している遺言書を返還するとともに，前条第2

項の規定により管理している当該遺言書に係る情報を消去しなければならない。

第9条（遺言書情報証明書の交付等）

1　次に掲げる者（以下この条において「関係相続人等」という。）は，遺言書保管官に対し，遺言書保管所に保管されている遺言書（その遺言者が死亡している場合に限る。）について，遺言書保管ファイルに記録されている事項を証明した書面（第5項及び第12条第1項第3号において「遺言書情報証明書」という。）の交付を請求することができる。

⑴当該遺言書の保管を申請した遺言者の相続人（民法第891条の規定に該当し又は廃除によってその相続権を失った者及び相続の放棄をした者を含む。以下この条において同じ。）

⑵前号に掲げる者のほか，当該遺言書に記載された次に掲げる者又はその相続人（ロに規定する母の相続人の場合にあっては，ロに規定する胎内に在る子に限る。）

イ　第4条第4項第3号イに掲げる者

ロ　民法第781条第2項の規定により認知するものとされた子（胎内に在る子にあっては，その母）

ハ　民法第893条の規定により廃除する意思を表示された推定相続人（同法第892条に規定する推定相続人をいう。以下このハにおいて同じ。）又は同法第894条第2項において準用する同法第893条の規定により廃除を取り消す意思を表示された推定相続人

ニ　民法第897条第1項ただし書の規定により指定された祖先の祭祀を主宰すべき者

ホ　国家公務員災害補償法（昭和26年法律第191号）第17条の5第3項の規定により遺族補償一時金を受けることができる遺族のうち特に指定された者又は地方公務員災害補償法（昭和42年法律第121号）第37条第3項の規定により遺族補償一時金を受けることができる遺族のうち特に指定された者

ヘ　信託法（平成18年法律第108号）第3条第2号に掲げる方法によって信託がされた場合においてその受益者となるべき者として指定された者若しくは残余財産の帰属すべき者となるべき者として指定された者又は同法第89条第2項の規定による受益者指定権等の行使により受益者となるべき者

ト　保険法（平成20年法律第56号）第44条第1項又は第73条第1項の規定による保険金受取人の変更により保険金受取人となるべき者

チ　イからトまでに掲げる者のほか，これらに類するものとして政令で定める者

⑶前2号に掲げる者のほか，当該遺言書に記載された次に掲げる者

イ　第4条第4項第3号ロに掲げる者

ロ　民法第830条第1項の財産について指定された管理者

ハ　民法第839条第1項の規定により指定された未成年後見人又は同法第848条の規定により指定された未成年後見監督人

ニ　民法第902条第1項の規定により共同相続人の相続分を定めることを委託された第三者，同法第908条の規定により遺産の分割の方法を定めることを委託された第三者又は同法第1006条第1項の規定により遺言執行者の指定を

委託された第三者
ホ　著作権法（昭和45年法律第48号）第75条第2項の規定により同条第1項の登録について指定を受けた者又は同法第116条第3項の規定により同条第1項の請求について指定を受けた者
ヘ　信託法第3条第2号に掲げる方法によって信託がされた場合においてその受託者となるべき者，信託管理人となるべき者，信託監督人となるべき者又は受益者代理人となるべき者として指定された者
ト　イからヘまでに掲げる者のほか，これらに類するものとして政令で定める者
2　前項の請求は，自己が関係相続人等に該当する遺言書（以下この条及び次条第1項において「関係遺言書」という。）を現に保管する遺言書保管所以外の遺言書保管所の遺言書保管官に対してもすることができる。
3　関係相続人等は，関係遺言書を保管する遺言書保管所の遺言書保管官に対し，当該関係遺言書の閲覧を請求することができる。
4　第1項又は前項の請求をしようとする者は，法務省令で定めるところにより，その旨を記載した請求書に法務省令で定める書類を添付して，遺言書保管官に提出しなければならない。
5　遺言書保管官は，第1項の請求により遺言書情報証明書を交付し又は第3項の請求により関係遺言書の閲覧をさせたときは，法務省令で定めるところにより，速やかに，当該関係遺言書を保管している旨を遺言者の相続人並びに当該関係遺言書に係る第4条第4項第3号イ及びロに掲げる者に通知するものとする。ただし，それらの者が既にこれを知っているときは，この限りでない。

第10条（遺言書保管事実証明書の交付）
1　何人も，遺言書保管官に対し，遺言書保管所における関係遺言書の保管の有無並びに当該関係遺言書が保管されている場合には遺言書保管ファイルに記録されている第7条第2項第2号（第4条第4項第1号に係る部分に限る。）及び第4号に掲げる事項を証明した書面（第12条第1項第3号において「遺言書保管事実証明書」という。）の交付を請求することができる。
2　前条第2項及び第4項の規定は，前項の請求について準用する。

第11条（遺言書の検認の適用除外）
民法第1004条第1項の規定は，遺言書保管所に保管されている遺言書については，適用しない。

第12条（手数料）
1　次の各号に掲げる者は，物価の状況のほか，当該各号に定める事務に要する実費を考慮して政令で定める額の手数料を納めなければならない。
⑴遺言書の保管の申請をする者　　遺言書の保管及び遺言書に係る情報の管理に関する事務
⑵遺言書の閲覧を請求する者　　遺言書の閲覧及びそのための体制の整備に関する事務
⑶遺言書情報証明書又は遺言書保管事実証明書の交付を請求する者　　遺言書情

報証明書又は遺言書保管事実証明書の交付及びそのための体制の整備に関する事務

2　前項の手数料の納付は，収入印紙をもってしなければならない。

〈著者紹介〉
児玉隆晴（こだま　たかはる）
弁護士法人　千代田オーク法律事務所・代表弁護士
東京事務所　東京都千代田区神田淡路町 1-1
神田クレストビル 403 号
柏 事 務 所　千葉県柏市柏 2-6-7　佐山ビル 3 階

1978 年　慶応義塾大学法学部法律学科　卒業
1982 年　慶応義塾大学大学院　法学研究科修士課程　終了
1985 年　司法試験合格
1988 年　弁護士登録（東京弁護士会　40 期）
1993 年　児玉隆晴法律事務所開設
2009 年　弁護士法人　千代田オーク法律事務所開設（法人化）
千葉県柏市にて柏支所開設
現在に至る

〈主要著作〉
『もっとやさしく役に立つ新民法～契約ルールは，市民・企業のためにどう改正されたか』（信山社，2020 年）
『やさしく，役に立つ改正民法（債権法）～一般市民・企業のための改正とは』（信山社，2017 年）
日本弁護士連合会編『実務解説　改正債権法』（編集責任者・共著，弘文堂，2020 年）
日本弁護士連合会編『新しい土地法制の解説』（共著，有斐閣，2021 年）
東京弁護士会編『債権法改正 事例にみる契約ルールの改正ポイント』（編集責任者・共著，新日本法規出版，2017 年）
東京弁護士会法曹親和会民法改正プロジェクトチーム編『新民法（債権法）の要点解説』（編集代表・共著，信山社，2020 年）

〈民法〉所有権・相続のルール大改正

2022（令和 4）年 3 月25日　第 1 版第 1 刷発行
7093 P216　¥2800E：012-012-003

著　者　児 玉 隆 晴
発 行 者　今井 貴 稲葉文子
発 行 所　株式会社 信 山 社
〒113-0033　東京都文京区本郷 6-2-9-102
Tel 03-3818-1019　Fax 03-3818-0344
henshu@shinzansha.co.jp
笠間才木支店 〒309-1611 茨城県笠間市笠間 515-3
Tel 0296-71-9081　Fax 0296-71-9082
笠間来栖支店 〒309-1625 茨城県笠間市来栖 2345-1
Tel 0296-71-0215　Fax 0296-72-5410
出版契約 No.2022-7093-8-01011　Printed in Japan

印刷・製本／ワイズ書籍 M・渋谷文泉閣
ISBN978-4-7972-7093-8 C3332　分類324.560 民法

法曹親和会 民法改正プロジェクトチーム 編
編集代表 弁護士 児玉隆晴・弁護士 伊藤 元

新民法（債権法）の要点解説

— 新旧条文対照表付 —

信山社